길은 한사코 길을 그리워한다

임동확 시집

신생시선·39
길은 한사코 길을 그리워한다

지은이·임동확
펴낸이·원양희
펴낸곳·도서출판 신생

등록·제325-2003-00011호
주소·600-013 부산광역시 중구 중앙동 3가 12-1
　　　w441@chollian.net www.sinsaeng.co.kr
전화·051) 466-2006
팩스·051) 441-4445

제1판 제1쇄·2015년 1월 10일
제1판 제2쇄·2015년 12월 10일

공급처·도서출판 전망

값8,000원
ISBN 978-89-90944-41-2

* 저자와의 협의에 의해 인지를 생략합니다.

　　이 도서의 국립중앙도서관 출판예정도서목록(CIP)은 서지정보유통지원시스템 홈페이지(http://seoji.nl.go.kr)와 국가자료공동목록시스템(http://www.nl.go.kr/kolisnet)에서 이용하실 수 있습니다.(CIP제어번호: CIP2014034014)

시인의 말

　세상은 예나 지금이나 끊이지 않는 갈등과 모순으로 더욱 찬란하다. 아니, 어쩌면 우린 그 대극의 장에서 영원히 자유롭지 못하리라. 그렇다면 행여 모든 시는 저 화해 불가능한 극점에서 끊임없이 솟아나는 아픔과 연민들을 필사적으로 견디고, 모시는 일은 아닐 것인가.
　한때 '지역'을 화두로 책임지지 못한 말과 약속을 한 바 있었다. 이번 시집이 그 묵은 빚을 조금 탕감하는 계기가 되었으면 하는 바람뿐이다.

임동확

차례

시인의 말   5

제1부
폭포   13
순간들   14
세상의 모든 나무들은   16
밤 호수   18
폭우   20
주목朱木   21
나무의 말   22
첫눈을 맞으며   24
꽃과 가시   25
너와 나   26
이유는 없다   28
춘신春信   29
백제금동대향로   30
길은 한사코 길을 그리워한다   32

제2부
한 줌의 도덕   37
숭어   38

중옥리	40
약속의 말	41
귀향한다는 건 —이청준 선생님께	44
날아라, 짜장면	46
일인 시위	48
나의 애국가	49
새를 부르는 여자 —전영애 교수님께	52
2호선	54
묵시록 —다시 게르니카를 생각하며	56
단소 부는 사내	58
광화문 연가	60
꿈 이야기	62

제3부

불청객들	67
기술자들	70
눈 내리는 겨울 숲에 서서	72
괴물의 시간	74
세상은 그 누구의 것도 아니리니	75

나의 너털웃음에 대한 고백	78
조계산에 내리는 비	80
오늘 하루도	82
딸들에게 보내는 편지	84
거대한 흡반	87
늙은 배우	88
독거인獨居人	89
가족도家族圖	90
재생의 시간	91

제4부

되새 떼처럼	95
미완성을 위하여	96
중력을 이기는 법	98
이별의 노래	99
흔적에 대하여	101
기다리는 아침은 더디 온다	103
사랑의 찬가	105
문창과 시 수업	107

낡은 비유에 대한 경고	109
시인들 · 1	111
시인들 · 2	113
말들의 궁합	114
심청전 · 1 —인당수에 빠지는 대목	117
심청전 · 2 —봉사 눈 뜨는 대목	120
해설 생성과 순간의 시학을 꿈꾸다 **이성희**	122

제1부

폭포

오랜만에 다시 찾은 강천사 구장군 폭포, 결코 거부할 수 없는 하나의 구심점으로 몰려들며 불어나는, 그래서 한사코 하나의 중심을 고집하며 맴돌길 반복하는 물줄기를 거부하며, 오래 바뀌지 않는 하나의 의미로 질식할 것 같은 세계 밖으로 거친 물줄기를 쏟아내고 있다.

걸핏하면 하나의 목표 또는 신앙을 강요하고 설득해온, 그러나 원래 하나의 가치로 결집될 수 없어 벌써 수천수만의 물방울로 부서져 나간 고된 직립의 낭떠러지. 그래서 오직 흔적만이 대신할 뿐인 생의 무수한 순간들이 결코 아무것도 아닌 순수한 부재로 거듭 태어나고 있다.

그러나 홀로 완전할 수 없어 슬며시 서로 등을 기댄 폭포와 벼랑이 끝내 붙잡을 수 없는 지속, 금세 밝아졌다 어두워지는 찰나의 소리들을 낱낱이 일으켜 세우고 있다.

순간들

있어도 그만, 없어도 그만. 하지만 어쩐지 그 자리가 비어있는 듯해서 곰곰 생각하면 자폐아 아들을 빛처럼 남긴 채 홀연 떠난 바보새 출판사 김규철 사장처럼 사실은 아주 가난해서 문득 눈물짓게 하는 것들.

그래, 가만 화장실에 다녀오다 담배 한 대 피우며 무심히 올려다본 밤하늘의 별들처럼 아주 순박해서 걷잡을 수 없이 그리워지는 것들.

내세울 것이라곤 남루와 무명뿐이어서 어떤 기록이나 분류에도 자꾸만 엇나가는 역사의 푼수들처럼 끝내 어중간해서 더욱 안타깝거나 아름다운 것들.

이를테면 한낱 스쳐 가는 필선筆線에서도 태양보다 무려 100억 배 이상 빛난다는 초신성 같은 추억을 숨겨왔을 화가 여운의 목탄화처럼 실상 매우 투박하고 거칠어서 더더욱 간절하고 서러운 것들.

그래서 강보襁褓에 쌓인 아이처럼 끝없는 보호와 구원의 손길이 필요했을 예외의 가치들.

그러나 마지막 판돈까지 잃은 도박꾼을 따라 걷던 밤길의 그믐달처럼 그저 덧없어서 자꾸 헛웃음 짓게 하는 것들.

아무렴, 잊어도 좋으련만 오로지 부재로서만 둔감해진 가슴을 피할 새 없이 빗방울처럼 파고드는 사랑의 순간들.

세상의 모든 나무들은

세상의 모든 나무들은 틀림없는 분수.

오직 그 자체의 동력만으로 다함없이,
조정자 없이 두 팔을 한껏 벌린 채
연초록 물줄기를 사방천지로 마구 쏟아내고 있다.

그러나 단 한 방울도 허투루 흘려보내지 않는 분수.

그때 꽃이란 순결한 물의 진액으로 짜 엮은 꽃다발,
그때 열매란 순수한 물의 결정이 탄생시킨 보석들.

세상의 나무가 어떤 형태로 서 있거나 흔들리고 있든
끊이질 않은 물의 응결, 물의 연금술로 찬란하다.

가까이서 보면 낱낱이 외로운 물방울의 육화인,
그러나 멀리서 보면 연봉連峰의 파도로 출렁이는
미처 그늘을 알지 못하는 절정의 어린 이파리들이,

그러나 그 어느 것도 서로를 닮지 않은 채
오직 하나의 존재였을 뿐인 지상의 나무들이,

저마다의 수압水壓으로 굵고 가는 분수의 가지마다
가장 소중한 순도의 색채를 마구 쏟아내는 봄날엔.

밤 호수

　막 피어나기 시작한 물가의 붓꽃 두어 송이, 피다 만 꽃잎들 미처 접지 못한 채 멈춰있고
　간절한 소망 하나로 무거워진 엉덩이를 떠받치고 있던 나무의자의 네 발목들이 뒤집혀진 채 쉬고 있다

　겨우내 잠겨 있던 분수의 폐쇄공閉鎖孔들이 분꽃처럼 피어나길 기다리는 호수 한구석

　저마다의 생각으로 무거워져 가끔씩 파문을 일으키는 수면 속으로 먼 불빛들이 하나둘씩 깃들고
　방금 전까지 제 그림자를 찾지 못해 칭얼거리던 어린 갈대들도 문득 잠들어 있다

　만학晚學의 몽상가들이 깔깔대며 행복의 시학을 읽거나 손을 번쩍 들어 반문하는 야간 강의실 너머

　밤이 되어서야, 더욱 강력해진 어둠의 반사면으로 그새 높이와 질량을 잃어버린 풍경들이 깃들어 있고

어두워지지 않았더라면 결코 열리지 않았을 모든 투명들이 거대한 안공眼孔이 되어 일찍이 감겨본 적 없는 꿈의 망막, 결코 잠들지 못하는 휴식의 깊이를 비추고 있다

보다 신비하고 보다 불투명한 내일로 끊임없이 불려가고 불려오길 반복하며 고요해진 수심水深의 밑바닥
충분히 뜨겁고 또 충분히 서늘한 푸른 공기의 심장을 단 남생이들이 한쪽 눈을 뜬 채 꿈꾸고 있는 사이

폭우

폭우가 쏟아지던 어느 7월의 인사동
네 살쯤 돼 보이는 한 아이가
거칠 것 없이 장대비 속으로 뛰어든다.
젊은 엄마와 두 살 위의 누이가
제 이름을 애타게 부르고
손을 붙잡으며 만류해도
굵은 빗속으로 달아나며
연신 깔깔깔깔 웃음을 터트린다.
크거나 작거나, 희거나 검은 우산들이
잠시 가던 발길을 멈춘 채
일제히 차양이나 어닝 아래
여름 소낙비를 다급히 피하는 사이
어느새 빗방울과 하나 된 아이가
라일락 향기처럼 밀려오는 천진天眞,
잃어버린 약동을 고스란히 보여주며
점점 더 멀리 깔깔거리며 달아난다.
모처럼 행인들도, 상인들도 덩달아
아주 잠깐 뱃속까지 환하게 웃던 그날.

주목朱木

잠시나마 몸 누일 최소한의 방 한 칸 없이 살아서도,
죽어서도 잡념보다 매서운 추위와 풍화를 견뎌왔을
늙은 주목들이 죽은 가지를 뻗어 영하의 하늘을 찌르거나
저 망망한 태백의 연봉連峰을 벗 삼아 가만 직립해 있다

그러나 일개 나무라기보다 하나의 신비, 어떤 회의도
끌어내릴 수 없는 기도의 손, 잃어버린 고대 종족의 신화가

여전히 살아있는 오랜 고립과 비밀의 봉쇄서원,
필시 주목나무는 신병神病을 앓고 있는 샤먼 같다
모두가 식음을 전폐한 채 끙끙 앓는 소리를 내고 있다

그리고 수행자처럼 한 번 침묵에 들면,
천 년을 요지부동하는 내성耐性의 신전이 된다
거기에 대항하여 어린 주목들이 벌써 저만의 촉수로
혹한의 심장을 더듬으며 불멸의 신성가족을 꿈꾸고 있다

나무의 말

절 보세요,
이 나뭇가지가 왜 이렇게 휘었느냐구요
아마도 그건 폭풍우가 쏟아지던 밤들마다
엄마 손을 놓치지 않으려
필사적으로 몸부림친 날들의 훈장은 아닐런지요
제가 보기에도 뱀처럼 징그런 밑동은 또 어떻구요
짐작하다시피 그건 때로
더 이상 상대가 끊긴 결과 없는 고통과
잔혹한 절대의 시간이 키운 혹이랄까요
여길 봐요, 어느 곳 하나 성한 데 없는 몸통마다
딱정벌레처럼 붙어있는 검은 딱지들을요
그래요, 그건 한 그루 감나무로 커오는 동안
어쩌지 못해 제 몸속 깊숙이 숨겨둬야 했던
거룩한 희망과 덧없는 슬픔의 각질들이랄까요
이젠 그마저 운명처럼 미워하거나
지울 수 없는 끝없는 갱신의 기록이라고나 할까요
그런데도 어찌 가지마다 어린 감들을 주렁주렁 달고
어찌 그리 하늘 가득히 뻗어날 수 있었냐구요

행여 그건 아무 데도 기댈 데 없던 한 겨울밤
눈사태처럼 춥고 막막한 고독이 키운 키가 아닐까요
아니면 피할 수 없어 정면으로 맞이했던,
여전히 진행 중인 시간의 힘 때문은 아닐런지요
보고 있나요, 바람 사납고 날 흐릴수록
그 어떤 경험의 유추로도 풀리지 않는 중심의 비밀들,
언제고 그 자리에 변함없이 수직으로 서서
순수한 지속을 노래하는 한 그루 나무를요
아주 오랜 뒤에도 단지 제 의지만으로 불가능한,
내 흰 목덜미에 반짝이고 있을 불사의 태양을요

첫눈을 맞으며

철부지 둘째 딸과 늦게 귀가하던 길에 홀연 마주친 저 첫눈 한 송이는 공연히 그랬던 것이 아닐 게다. 분명 쓸데없이 나의 발길을 한동안 놓아주지 않았던 게 아닐 게다.

문득 가슴 한구석이 텅 비어버린 11월의 저녁. 금세 수천수만의 송이로 쏟아지던 흰 눈송이들이 메아리 울리며 저 아득한 신생대의 지층으로 떼 몰려가고 있다.

꽃과 가시

함부로 피어난 꽃은 어디에도 없으리니
급기야 뒤얽힌 가시 속에 애써 피운
탱자나무 흰 꽃을 탓하지 말아다오
줄기마다 작은 가시를 주렁주렁 단
넝쿨장미를 무심코 꺾지 말아다오
행인들이여, 목숨 같은 사랑일수록
쓰라린 탄식의 밤을 기억하기 위하여
제 그늘 속에 어느덧 역사처럼 서러운
가시를 식도처럼 숨겨둘 수밖에 없으리니
저마다의 적의와 비애가 깊을수록
독약 같은 향기를 마구 뿜어내며
제 가슴마다 역사처럼 당당한 가시를
어린 초병처럼 세워둘 수밖에 없으리니

너와 나

그래, 네가 타오르는 불이었다면 난 흘러내리는 물,
내가 바람이었다면 넌 흔들리는 나무,
맞는 자이면서 때리는 자, 기쁨이면서 슬픔이었던 자들

매번 해일처럼 덮쳐오는 그 어떤 충동 속에서 넌
또 다른 나의 한 자루 촛불이자 출렁이는 그림자,
한사코 주인처럼 행세하는 너와 마치 노예인 양 굴어온 난
사랑이면서 사랑하는 자, 노래이면서 노래를 부르는 자

저도 모르는 낯선 힘에 멱살 잡힌 채 또 어디론가
마냥 끌려가고 있는 우린 사자의 몸과
사람의 얼굴을 한 스핑크스, 혹은 두 얼굴을 가진 야누스

어느 한순간 내가 있기에 너 아닌 적 없고,
네가 있기에 나 아닌 적이 없어 우린 꿈이면서 현실,
맺는 자이면서 푸는 자, 한 줄기 샘물이면서 드넓은 바다

오, 제아무리 몸부림쳐도 끊임없이 그 자신이길

고집하는 우린 서로 다르면서 닮아있는 순간이자 미래,
끝내 미지로 남은 끝없는 죽음이자 한없는 창조

이유는 없다

이유는 없다, 봄날엔 심지어 죽음마저도 꽃이다
잎보다 꽃이 먼저 피어나는 급박한 사태가
꽝꽝 얼어붙은 연인들의 가슴을 위한 거라면
아무렴, 봄날엔 굳이 희망만이 아니라
왠지 모를 지독한 쓸쓸함마저 축복이다
그래, 이유는 없다 정령 떠나보내고서야
너의 흔적들이 눈으로, 혀로 끈적이는 거라면
여전히 아무것도 해결된 것 없는 조국의 봄날엔
너와 나의 지난 맹서와 이별은 거짓말이다
어차피 특징 없는 세상에서 일어난
소란과 불행의 전부가 꽃일 수밖에 없는 봄날엔
이유는 없다, 더러운 생의 비겁마저도 무죄다
그 어느 것 하나도 옳지 않은 것은 없다
무작정 흘러가는 흰 구름조차 뜻밖의 선물들이다
단지 그게 제 의지로 어쩔 수 없는 불가피였다면
정말이지 정작 그 누구도 거부하지 못하는 필연이었다면

춘신春信

 춘분 하루 전 오후부터 내린 눈들이, 잠시나마 그때까지 채 깨어나지 못한 개나리 꽃망울에 연신 미끄러지며 내려앉고, 여전히 우린 그 날에 멈춰버린 한 소년의 손목시계를 기억해내며 몸서리친다.

 욕심 사나운 전망의 유리창문 밖, 연초록 이파리들이 피어나기까진 더 많은 날들을 기다려야 할 키 큰 먹감나무 가지가 흔들린다. 실내의 라디오에선 때아닌 진눈깨비에 고속도로 한가운데서 시민들이 옴짝달싹 못 하고 있다는 뉴스 속보가 흘러나오고,

 미처 누구도 예상치 못한 대재난의 시간 저 너머 여전히 깨어날 때가 아닌, 어린 신神을 닮은 새 한 마리 다급하게 짝을 부르며 울부짖고 있다.

백제금동대향로

    필생의 의무처럼 떠맡겨진 하중荷重을 온몸의 탄력으로 당장에라도 박차고 가벼이 일어설 기세의 한 마리의 용,
    필시 하늘과 바다 사이의 오솔길로 곧장 죽은 자들을 인도해갈 듯 제 깃을 다듬고 있는 새들,
    그리고 그새 순해진 호랑이와 멧돼지, 코끼리와 원숭이들이 현실과 상상을 가르며 한껏 위용을 뽐내고 있다.

    미처 몰락을 예감하지 못한 고대 왕조의 이루지 못한 꿈처럼 가물거리는 백단향의 성화聖火여.

    아무런 기약 없이 훌쩍 백년 천년이 흘러가버린 오랜 망각과 고립의 진흙 구덩이 속,
    결코 꺾이거나 시든 적 없는 영혼의 나무들이 무한한 비밀의 말 없는 사자使者들처럼 직립해 있고,
    단 한 번도 소멸을 겁내지 않았던 바위와 폭포, 산봉우리와 시냇물들이 너무나도 간절하고 뚜렷한 열망의 부조浮彫로 새겨져 있다.

    하루아침에 떠밀려간 태초의 어둠 속에서도 꺼지지 않은 채 쉼

없이 피어올라 왔을 향연香煙이여

   그러나 먼 훗날 어느 철학자가 공상처럼 세계시민법의 실현에 의한 영구 평화론을 제기하기엔 턱없이 이른, 한 명의 세습 군주가 만인의 주권을 쥐락펴락하던 시절.
   분명 너무도 빨라 다급히 묻을 수밖에 없었던 앞당겨진 미래의 연방을 노래하던 악공들 위로 한 마리 봉황이
   각기 위대한 하나의 신이었을 자들의 머리맡에 앉아 커다란 날개를 퍼덕이고 있다.

   그새 논바닥으로 변한 찰진 어둠의 이름조차 잊혀져간 어느 폐사지의 목곽 수조水曹 안.
   여전히 하나의 수수께끼이자 영원히 풀어 나가야 할 두렵고 황홀한 고독처럼 깨어나고 있다,
   단 한 번도 실현된 적이 없어 불멸하는 한 문명이 굳게 봉인된 사상의 출토를 기다리며.

길은 한사코 길을 그리워한다

다가설수록 멀어지는 지평선처럼 단지 접근 불가능한 절대 고독의 근원 혹은 알 수 없는 전망의 바탕을 암탉처럼 품고 있는 길.

험하거나 평탄한 길들이 안겨주는 가장 값진 선물은, 놀랍게도 예정된 결말이나 확신에 찬 기대를 가차 없이 저버리는 뜻밖의 경험이다.

해피엔드로 끝나기 마련인 싸구려 영화와 달리, 어떤 길이든 늘 아직 때가 이르지 않는 출발 혹은 이미 지나쳐버린 종말을 들키고 싶은 비밀처럼 감추고 있다.

뒤늦게야 조수 겸 아내인 착한 젤소미나를 잃고 만취한 채 바닷가에서 회한의 눈물을 흘리는 차력사 짐파노의 속죄이든,* 감옥에 간 자신을 기다리다 못해 배고파 외간남자에 몸을 판 아내의 불륜을 끝내 용서하지 못하고 고향 가는 눈길 속에서 죽어가게 한 남편 세이트알리의 절규이든,**

결코 원하지 않았을 그 사태들조차 들판 지나 산맥을 넘어가는 전선들처럼 또 다른 비밀의 정점으로 길게 뻗어 있다.

 지금 내 앞에 끝이 보이지 않는 한계 또는 방랑이 또 다른 출발의 경계라는 듯 내륙의 길이 끝나는 곳에 물길이, 물길이 다하는 곳에 하늘의 길이 다시 한 번 미지의 지상과 길게 입맞춤하고 있다.

 한사코 길을 그리워할 따름인 길들이 길과 만나지 못하면 결코 길이 아니라는 듯 힘든 처방의 이정표처럼 서성거리고 있다.

* 이탈리아 영화 〈길〉의 주인공들.
** 터키 영화 〈욜(yol)〉의 남자 주인공.

제2부

한 줌의 도덕[*]

타클라마칸 사막을 횡단하던 도중 중간 휴게소였던가
사막을 길게 가로지르는 도로 한 켠의 수로를 파기 위해,
단 한 명의 인부가 허리 굽힌 채 연신 곡괭이질 해대고,
단 한 명의 감독관이 그걸 바짝 감시하는 풍경과 마주친
어느 여성시인이 버스에 올라타려다 그만 펑펑 울음을 쏟아냈다

[*]아도르노 책명.

숭어

얼마만큼 뛰어올라야 제가 자란 바다로부터 자유로울 수 있는가?

밀물 드는 5월의 격포 앞바다 수성당水聖堂 너머로 숭어 한 마리,

솟구쳐 오르길 거듭하며 금빛 노을의 수면 속으로 나아가고 있다.

그만 저를 주저앉히거나 곤두박질치게 하는 중력,

일체의 의지와 도약을 부정하는 정명론定命論*을 잘도 거슬러가며

끝끝내 확정될 줄 모르는 수평선으로 바짝 다가가고 있다.

아무것도 방해할 것 없기에 기슭을 갖지 않은 서해 저 멀리,

스스로가 맹서하고 배반하며 확장해온 경계선을 지나

연신 가쁜 숨을 헐떡거리며 가장 높고 차가운 공기의 궁륭,

채 어떤 각오도 서지 않는 하늘로 떠밀려 가고 있다.

더는 나아갈 수 없는 바다의 끝, 결코 날아오르기 위해서가 아니라

오로지 날아오를 수밖에 없는 존재의 정점으로 내몰린 숭어 한 마리,

여전히 달라질 게 없는 운명과 굵고 촘촘한 그물망을

마치 아이들이 줄넘기 놀이하듯 가볍게 뛰어넘으며

마침내 제 죽음마저 꿀꺽 삼킬 듯 처음부터 낯선 자유의 심연,

미끄러지듯 멀어지는 생성의 한복판으로 거침없이 뛰어들고 있다.

*일체의 일은 미리 정해진 필연적인 법칙에 따라 일어나므로 인간의 의지로는 변경할 수 없다는 설.

중옥리

 불빛이란 불빛 다 바람난 처녀들처럼 밤 봇짐 싼 지 오래인 담양군 대전면 중옥리 들길.

 때마침 부는 산들바람에 저절로 눕고 뒹굴며 자지러지는 갓 팬 벼들이 천연덕스럽게 밀애를 나누고
 헛기침 소리에 지레 놀란 살찐 개구리 한 마리 다급히 농수로로 뛰어드는데,

 추석으로 가는 음력 8월의 그믐달 곁 눈망울만 또렷한 별들을 동무 삼아 길라잡이를 나선 밤.

 길 하나 차이를 두고 한 번 들면 돌이킬 수 없는 고속도로로 결코 후퇴를 모르는 트럭들이 필사적으로 직진하고 있다.

 전혀 놀랍지 않기 때문에 더욱 놀라운 초가을 들판 사이의 미래처럼 불투명한 농로로 누군가 두런두런 느리게 걸어오고 있다.

약속의 말

스스로를 채찍하고 처벌하며
끝까지 붙잡을 수 없는 것들,
끝내 실감할 수 없는 것들과
참을성 있게 씨름했던 것만으로
지금 나의 심장은 마구 뛴다.

생각할수록 아프게 다가오는
내 젊은 날 같은 희망이여
아니, 처음부터 어긋나버린
결코 가보지 못한 길들이여
이렇게라도,
이렇게라도,
짐짓 운명을 수락해보는 것.

또다시 배반하거나
크게 노여워할지라도
이렇게라도,
이렇게라도,

잠시 그 갈림길에 머물다 가는 것.

그렇지 않다면야,
어찌 아무렇지도 않게 아침 창을 열고
또다시 먼 길을 떠날 수 있으랴.

그대여,
왜 그때 그 자리에 서 있지 않았느냐고,
왜 미련하게 거길 떠나지 못 했느냐고
다시는 더 이상 묻지 말기를!

진정 역류해가고 싶을 만큼
부끄럽거나 억울하다고 느낄 때면
어김없이 반쯤 어둠에 가린 얼굴과
물기 젖은 손을 내미는 약속의 말들이여.

여기, 거슬러갈 수 없는 불가항력의 시간 위에
정녕 너마저 망각했을 입맞춤이 새겨져 있다.

어쩌면 채 한순간에도 지나지 않을 불꽃들이
칠월 저녁 길 위의 반딧불처럼 반짝이고 있다.

귀향한다는 건

—이청준 선생님께

　귀향한다는 건……캐들락 뒤편에 따라붙는 어정쩡한 문상객들처럼 결코 제 것이 아니었던 하늘과 거리, 여인들과 석양을 떠나 홀로 비좁은 고향길로 들어서는 일이던가
　더 멀리 나아가고자 했지만 결국 귀로에 든 새떼들처럼 미처 토해 내지 못한 남도소리 같은 누군가의 속울음이
　마을 앞 너른 간척지 들판 사이의 일직선 농로農路를 따라 천천히 가로질러오고,
　소낙비가 잠시 그친 8월 염천! 어린 아들의 발자국 따라 그 어미가 걷던 그 눈길 위로
　제가 만나고 읽어낸 세상의 큰길들이 하나둘씩 두런두런 모여들고 있다
　어깨에 게 자루를 짊어진 채 군내버스에 올라탔던 갯가로 그새 저조차 감당할 수 없는 크기의 큰 파도가 밀려오고 있다

　귀향한다는 건……그러나 다신 더부살이 떠나지 못하도록 제 몸뚱이를 삼베로 칭칭 감고 사지를 꽁꽁 묶어 채 한 평도 못 되는 석관 속에 가두는 일이던가
　아니면, 내생來生의 유토피아 같은 건 아예 꿈조차 꾸지 않은 채

저 홀로 견뎌내기던가

  방금까지 막 쌓아올린 황토 봉분을 쿵쿵 다지던 포클레인 삽날이 힘없이 고갤 떨구고 있다.

  여전히 전짓불을 들이댄 채 어느 편이냐를 묻는 어둠의 역사가 줄빰치기를 강요하며 서서히 밀려오고 있다.

날아라, 짜장면

가상의 공습경보에 졸지에 전 국토가 얼어붙는 민방공 훈련 날이었습니다.

그 날도 어김없이 거리에서, 라디오에서 민방공 사이렌이 흘러나오고, 달리던 차들이 벌 받는 학생들처럼 길가에 얌전히 정차해 있고, 민방위대원들이 건성으로 호루라기를 불어가며 갈 길 바쁜 시민들을 한사코 인근 골목길이나 건물 안으로 밀어 넣고 있을 때였습니다.

한 달에 한 번씩 반복되는 가상의 민방공훈련, 실감 없는 국가비상사태보다 하필 그 시간대에 맞춰진 십년 단골손님의 주문이 더 중요하게 느껴졌다면 거짓말이라고 할까요?

아니면, 유난히 불어터진 면발을 싫어하는 철물점 배불뚝이 김사장의 얼굴이 과연 지엄한 국법國法보다 더 무서웠던 것일까요?

중국집 양자강 바깥양반 이판달씨는 잠시 멈칫거리다가 그만 자신도 모르게 120cc 중고 오토바이에 3단 기어를 넣고 가속 페달을

아주 힘차게 밟아 버렸습니다.

　아 참, 그래서 어떻게 됐냐구요? 덕분에 이 씨는 모처럼 텅 빈 신림동 6차선 대로를 폭주족처럼 아주 신 나게 달려 보았다나, 어쨌다나요. ㅋㅋ

일인 시위

무엇이 짝짓기에 넋 빠진 왕잠자리를 낚아채는 가물치처럼 법망 法網을 벌리고 있을 헌법재판소나 국회 앞에서 일인 시위를 하게 하는가?

연신 경적을 울리며 준법과 위법 사이를 잘도 곡예 운전하는 자동차들과 짐짓 착한 시민들처럼 무심히 횡단보도의 신호등이 바뀌길 기다리는 행인들

하루아침에 법의 이름으로 법정 밖으로 밀려난 법 밖의 힘없는 자들이 벌이는 메아리 없는 날것의 함성 사이

아무런 권리도 주어지지 않은 난감한 자유 또는 더는 밀려갈 데 없는 옹색한 시민권들이

모자를 꼭 눌러 쓰거나 마스크를 한 채 헌법처럼 침묵하며 유월 땡볕을 고스란히 받거나 우산도 없이 굵은 장대비를 맞고 있다

나의 애국가

이제 우리들의 애국가를 '봄날은 간다'로 하자

더 이상 동해물과 백두산이 마르고 닳도록 보우하는 하느님의 나라가 아니라
연분홍 치마가 봄바람에 휘날리던 날의 까닭 모를 서글픔과 아련한 그리움으로 눈물 글썽한 살아있는 하느님의 나라를 노래하자
무궁화 꽃으로 온통 뒤덮인 삼천리 화려강산 혹은 철갑鐵甲을 두른 듯 바람과 서리에도 불변하는 남산 위의 소나무가 아니라
철 따라 살구꽃, 봉숭아꽃 피고 지는 우리나라, 오늘도 옷고름 씹어가며 산제비 넘나드는 성황당 길을 가뭇없이 걸어보는 한 순정한 마음,
꽃이 피면 같이 웃고 꽃이 지면 같이 울어줄 줄 아는 너와 나의 가슴 속 하늘을 만나보자
대한 사람 대한으로 길이 보전하려는 혈통의 겨레붙이 또는 그 어떤 새 한 마리도 날지 않은 구름 한 점 없이 높고 공활空豁한 가을 하늘과 밝은 달의 우리나라가 아니라,
지켜질 수 없으나 포기할 수 없어 더욱 아름답고 애틋한 그 맹서 또는 그 일편단심을 사랑하는 나라,

괴로우나 즐거우나 무자비한 기상과 무조건적인 충성을 강요하는 저들만의 나라가 아니라,
사뭇 못 잊을 사랑 이야기 하나쯤 새파란 풀잎에 담아 강물 위로 흘려보낼 줄 아는 낭만의 우리나라를 세워보자

그리하여 우리들 모두 제 마음속의 애국가를 '봄날은 간다'로 하자

너무도 오랫동안 개인은 없고 국가만 있는, 누군가 애타게 기다리며 슬퍼하거나 기뻐할 대상조차 없는 지루한 장송곡을 그만두고
오늘도 청노새 짤랑대는 역마차 길의 목로에 주저앉아 꽃 편지 내던지며 한 잔의 술을 마실 줄 아는 그 하염없음과 어쩔 수 없음을 합창하자
기껏해야 동해물과 백두산에 멈춰 있는 바다와 국경의 경계를 넘어 저 시베리아 벌판으로, 파미르 고원으로 넘어가는 고갯길마다 서 있는 봄날의 성황당,
그저 무겁기만 한 의무감이나 밑 모를 책임감에서 벗어나 문득 별이 뜨면 서로의 등을 두드리며 웃고 또 별이 지면 서로를 껴안고 울던 그 아득한 신화 속의 날들을 기억하자

기껏해야 제 핏줄과 뱃속만을 챙기는 힘센 자들만의 나라가 아니라 행여 실없는 맹서조차 끝내 저버릴 수 없어,
 오늘도 눈물겨운 봄날의 찬란함 또는 덧없음을 국가國歌로 하는 그 알뜰한 우리나라로 어서 가자

새를 부르는 여자
―전영애 교수님께

제 안에 눈물의 새 모이가 있었으니
조심스레
창문을 열어두는 건 그 다음의 일

그대여, 꼭대기 층 아파트 베란다
버들고리 바구니에 깨어나지 못한 알을
교대로 품은 두 새 가운데 한 마리는

그해 5월 북독일의 한 도서관에서
파울 첼란을 하염없이 읽어가고 있을 때
저녁이면 날아와 우짖던 새였으리

아니면 거의 먹지도 자지도 않은 채
사흘 밤낮을 눈물 속에서 번역해야 했던
유태인 시인 이작 카체넬존*의 영혼이었으리

채 신원(伸寃)되어 날아가지 못한
슬픔의 작은 나라 나뭇가지마다

무지갯빛 열매 물어다 줄 새를
하염없이 부르고 있는 그대여

여전히 어디에도 깃들지 못해 떠다니던
불구의 혼령들이 애초부터 잠가 두지 않은
그대 집 창문 밖을 서성거렸으리

제 안에 저도 모르는 둥지가 있으니
조심해서
먹이 한 줌 뿌려두는 건 그 다음의 일

*이작 카체닐존(1886~1944): 유태인 출신으로 아우슈비츠에서 처형됨. 시집으로 『유리병 속의 편지』(전영애역, 한마당)가 있음.

2호선

아까부터 징징거리던 자폐아 아이가 일어나 느닷없이 제 엄마의 뺨을 때린다. 최소한의 양해나 설득도 없이 한 늙은 광신도가 '믿음 천국 불신지옥'을 외치며 빠르게 지나간다. 중년의 한 샐러리맨이 북핵론과 FTA, 레임덕과 대세론을 연일 대서특필해대는 일간지를 무심히 넘기고 있다.

다음 칸으로 건너가도록 동전 한 푼 얻지 못한 맹인부부가 플라스틱 바구니를 든 채 자주 불러 너덜너덜해진 찬송가를 부르며 지나간다.

뻔뻔하고 후안무치한 신탁과 구걸, 연민과 억지로 얼룩진 시대 속 여전히 주어진 궤도만을 무심히 돌고 있을 뿐인 오후 두 시 2호선 지하철. 무례하기 짝이 없는 신념 또는 질 나쁜 확신이 순식간에 독가스처럼 파고든다.

눈길 닿는 곳마다 복병처럼 도사리고 있는 광고들 사이로 어깨에 가방을 둘러맨 한 할머니가 먹잇감 삼은 젊은 여대생의 무릎에 바짝 달라붙어 바늘쌈을 끈질기게 권하기 시작한다.

여전히 바꿔 탈 노선을 정하지 못한 몇 명의 승객들만이 이상 없는 현실의 순환선 차창 밖을 물끄러미 기웃거리거나,

 아마도 더 잃을 게 없어 얼마간의 굴욕 또는 질시를 지불해서라도 그렇게 살아간다는 맹목이 더 소중할지도 모르는 자들이,

 아무런 제지나 동의 없이 천국과 지옥, 냉소와 야유, 좌익과 우익을 강요하거나 강요당한 채 잠깐 졸며 이름 모를 악몽을 꾸는 동안.

묵시록
— 다시 게르니카를 생각하며

어느 날 갑자기 쏟아진 폭탄에 주일미사에 참여한 소년 소녀들이 부르는 아름다운 성가 대신 하늘 향해 울부짖는 어머니들의 통곡 소리가 무너진 성당 위를 가득 메우고 있다. 모처럼 투우장에 구경 나온 일가족의 흩어진 도시락과 옷가지들이 영문 모른 채 이리저리 날뛰는 투우에 짓밟히고 있다.

느닷없이 이백 년 만에 찾아온 지진에 방금 전까지 눈인사를 나누고 안부를 묻던 이웃들의 웃음들이 유탄처럼 튀어 오르고 있다. 일시에 가족과 집을 잃은 자들이 순식간에 폭도로 돌변하고, 미처 구원의 손길을 갖추지 못한 죄 없는 희망들이 유령처럼 텅 빈 거리를 미친 듯 헤매고 있다.

설령 위대한 화가라도, 아니 신이라도 저만의 원근법과 구도를 통해 수습할 수 없었던 찢겨진 화폭의 광장.

아무도 명령자를 자처하지 않는 예측 불가능한 공중폭격에 골조만 앙상한 미래가 겨우 흔적만 남은 생의 시간 속을 제멋대로 떠돌고 있다. 어디에도 그 책임을 물을 수 없는 고아의 기억들만이 두더

지처럼 달라진 시대의 지표면을 뚫고 성난 활화산처럼 터져 나오고 있다.

단소 부는 사내

공자가 신자유주의 공화국 연간의 한국을 방문해 인사동을 지나다가 학고재 앞에서 단소 부는 댕기머리 청년 앞에 멈춰 서서 말하길,

"아름답구나. 그러나 지금 어느 누가 이 소리를 귀 기우려 듣고 있단 말이냐. 봉황이 짝지어 춤추기는커녕 참새 한 마리 모여들지 않으니, 언제부터 이 나라의 인심이 이토록 각박해졌다는 말이냐."

안내자가 실망한 눈빛의 그를 위해 그 청년에게 '산조'를 한 곡 청하니 공자가 홀로 탄식하길,

"저 소리가 마치 창자를 끊고 나오는 듯 하는도다. 필시 이는 분란 끊이질 않은 나라의 놀라고 분한 가슴들이 토해내는 한숨 소리 같구나."

오랜만에 옹기종기 모여든 구경꾼들에 신이 난 단소 행상 청년이 자청하여 한 곡을 더 들려주니,

"때로 소리가 급박하게 돌아가고 여유가 없으니, 온 백성들이 눈만 뜨면 온통 경제타령, 이념 타령에 미쳐 있으니 백성들이 한가한 날이 없겠더라."

공자가 이어 크게 장탄식하며 슬그머니 발길을 돌리더니,

"눈치 빠르지 못한 자는 도태당하고 협잡꾼들만 미국자리공처럼 악착같이 살아남는 시대구나. 다행히 동해안가의 천년 묵은 호죽뿌리로 만든 만파식적萬波息笛을 만들어 분다면, 적어도 불가시의한 대참사는 겨우 면하는 시대가 오겠더라." 하더라.

광화문 연가

분명 나아가는 것만이 능사는 아니다. 그게 옳은 것이라면
촛불집회가 시작될 무렵 한때 민족지를 표방하던
동아일보 구사옥 정문의 철제문이 겁먹은 듯 슬그머니 내려가고
횡단보도 건널목의 신호등이 채 뒤바뀌기도 전에
영업용 택시가, 시내버스가, 퀵서비스 오토바이가
폭음을 내지르며 종로 쪽으로 다급하게 내달려 갈 수 있겠는가
어찌 힘들게 확보한 상처뿐인 과거의 영광을 향해
일말의 경외도 없이 마구 물대포를 쏘아댈 수 있단 말인가

그러나 거대한 컨테이너 박스가 세종로를 막아서는 순간,
광화문의 어둠을 밝히는 가장 고전적이며 낯익은 상징의 불꽃을 보아라
언제라도 길바닥에 철퍼덕 주저앉아 전혀 낯선 얼굴들과
손을 맞잡고 김밥을 나누며 금세 한목소리를 낼 수 있는 자들은
지켜갈 것이 있다는 점에서 근본적으로 보수주의자들이다
짧은 순간이나마 자신들이 지지했던 세계며 이상을 지켜가려는
성실함이 때로 가장 완고하고 전통적인 촛불의 비유를 택했으리라

보수적인 것이 진보가 될 때는 결코 유쾌한 시대가 아니다
그러나 그 우회가 원점회귀를 뜻하지 않는다면,
그 우회가 어떤 식으로든 목적지를 갖고 있는 것이라면
가장 여린 저항의 표식조차 달팽이처럼 전진해 가는
느린 나선형의 직선, 결코 낡거나 꺼질 줄 모르는 사랑의 불꽃이리라

꿈 이야기

그건 마냥 호의적이지 않은 생을 로또복권처럼 한순간에 뒤바꾸지도,
혁명처럼 실현 불가능한 사태를 역전시키지도 않는 천덕꾸러기.
오히려 끝없는 비천과 기약 없는 약속과의 한 치 양보 없는 싸움.

붉은 악마들이 새벽까지 한국축구의 승리를 응원하고 돌아간 후에도
남아 빗물 새는 지붕, 단칸방에서 쫓겨나지 않는 것만이 전부인 자들의 기도.

문득 마시지 클럽 보물섬과 대한성서공회가 사이좋게 입주해있는 건물 옥상,
날 새도록 켜져 있는 신촌 로터리 Anycall 광고판처럼 보이는 것과 보이지 않는 것,
지지하는 것과 원하는 것들 사이 입 벌린 맨홀처럼 어두운 단절.

그러나 가혹하게도 이뤄지지 않을 때만 더욱 가혹하게 달라붙는 마법의 힘.

느닷없이 찾아온 충만을 느끼는 순간 그 꼬리를 감추고 마는 연안의 귀신고래.
 지치고 병든 넋의 가장 깊은 밑바닥에서 괴물처럼 일어나는 불가항력의 사태.

 끝끝내 굴하지 않는 생의 의지를 저울질하는 거칠거나 부드러운 얼굴의 불청객.

제3부

불청객들

　예고 없는 열대야에 뒤척이다가 겨우 잠을 청한 지친 새벽 네 시 무렵,
　스탠드를 끄자마자 기다렸다는 듯이 흡혈모기 한 마리 앵앵거리며 달려든다.
　때마침 신촌로터리 쪽에선 폭주족을 추격하는 기동 순찰대의 요란한 경적음이 한 차례 지나가고
　차츰 그 소리가 멀어지자 새벽 거리를 질주하는 차량들이 연신 예의 굉음을 쏟아낸다.

　――돌아보면 오늘 하루도 어김없이 그랬다. 철근 자르는 전기톱 소리, 못 박는 망치 소리, 계란장수 마이크 소리, 철제 빔 박는 소리들이 수시로 이중으로 된 창문을 넘어들어왔다
　어디 그뿐인가. 2층 난간에 둥지 튼 비둘기의 짝짓는 소리, 1층 주인집 아이의 피아노 교습 소리, 퀵 서비스 배달원의 호명 소리, 동네 골목에서 윷놀이하는 노인네들의 왁자지껄한 웃음소리들이 잠시의 소강상태를 참지 못하고 파도처럼 밀려왔다
　심지어 오후 경엔 국물을 우려내고 그냥 버리기 아까워 현관 앞 플라스틱 그릇에 놓아둔 멸치 맛에 길든 도둑고양이 한 마리가 급기

야 창틀에 걸터앉아 노골적으로 먹이를 요구하며 야옹거리기도 했다

　나의 의지와 상관없이 저마다 절박하거나 더러 반가운 소리들이 빈집털이 좀도둑처럼 무단 침입하고 있다.
　정령 홀로 있으려고 해도, 첫 전도에 나선 초년생 신학생처럼 함부로 초인종을 누르거나 무례하게 방문을 두드리며 다가온다.
　어디 그뿐인가. 지금 나의 귀엔 불시에 이라크 상공을 습격한 미군의 공격기의 불발탄이 내는 폭음,
　몇 개의 옷가지를 손에 쥐고 베이루트 외곽 빌딩 앞에 서 있는 레바논 여인의 울부짖음,
　놀랍게도 아이의 비명소리에 불길 속으로 뛰어든 소방관의 마지막 음성이 들려오고 있다.

　그러나 홀로이고자 할수록 더 크게 다가오는 뿌리칠 수 없는 그 악다구니들,
　필사적으로 파고드는 그 다급하거나 간절한 절규들을 마냥 외면할 수 없을 때
　나는 안다, 내가 저 문밖의 세상과 한 치의 틈도 없이 얽혀 있다는

것을,
 여전히 습격해오는 잡음들에 등 돌린 채 그 누구도 편히 잠들 수 없다는 것을.

기술자들

　넌 주인의 음성만 듣고도 어디든 달려가는 현대판 적토마
　근육과 힘줄마다 주사된 명령어에 언제든 검은 갈기 휘날리며 대령하지
　넌 지금껏 나타난 어느 천재보다도 머리 좋은 암기왕 또는 사관史官들
　놀랍게도 모든 시민의 집주소와 생일을 낱낱이 기억하고 있지

　어디 그뿐인가, 넌 일단 발설된 말들을 금전 출납부 적듯 일일이 기록하는 성실한 노동자
　그렇게 얻은 세상의 비밀을 무슨 대단한 보물인 양 보관하다가 즐거이 필사해내기를 즐겨하는 문서 저장가

　원한다면, 세상의 모든 스캔들을 한 치의 오차도 없이 구술하거나 재현하는 묘기를 보여줄 수 있다고 떠들어대곤 하지

　그러나 과연 넌 금세 마음 변한 내 배신의 입술을, 그 입가의 작은 동요를 눈치챌 수나 있을까
　제아무리 기억 용량이 크다 한들 물증도, 확신도 없이 증폭되어

가는 내 사랑의 우수를 짐작이나 할 수 있을까

   그런데도 이미 검열을 거친 꿈들만을 또박또박 받아 적거나 똑같이 복사해내는 유능한 기술자인 주제에 제 능력을 필요 이상으로 과신하고 있지

   날마다 진화하는 상상력의 크기가 얼마인지도 모르면서 넌 이미 낡거나 폐기처분된 이념을 끌어안은 채 설쳐대고 있지

   매 순간 추억만으로 전율하며 막연하게나마 그 사랑의 중심을 느껴볼 뿐인 내 마음의 깊이를 짐작조차 못 하면서,
   점점 빠르게 확장해가는 내 절망의 깊이와 희망의 너비를 따라잡지도 못하면서
   지금도 넌 한갓 윙윙대는 소음과 잡담일 뿐인 정보와 소문들을 독버섯처럼 확대재생산하고 있지

눈 내리는 겨울 숲에 서서

날지 않으면 걷고 기어서라도 어떻게든 모두들 어디론가 서둘러 대피해간 겨울 숲.

난 문득 혼자 버려져 있다는 걸 느낀다. 여전히 정착하지 못한 난민들처럼 좌불안석의 내 영혼은, 슬프게도 어느 날부터 영원히 뭔가를 잃어버렸다는 걸.

그리고 난 또다시 생각한다. 미처 피난하지 못한 들쥐의 땅속 구멍이나 다행히도 나무껍질 속에 은신처를 마련한 애벌레들을. 이제야말로 내가 철 지난 마녀와 요괴들이 다스리는 세습왕국에서 떠나가야 할 차례라는 것을.

그래, 난 일찍부터 도망가거나 잠들어 버려, 남아있는 것들끼리 남아서 더욱 춥고 서러운 나라의 겨울 숲길.

난 그칠 줄 모르고 내리는 눈발 속에 벌 받는 듯 무거운 하늘로 두 손을 치켜든 키 큰 상수리나무 군락지로 길게 찍혀 있는 외롭고 굶주린 산 짐승의 발자국, 무방비로 눈 맞고 있는 능선의 묘지 위로 연신 내려앉아 먹이를 쪼는 까막까치를 가만 보고 있다.

점점 무거워지는 눈 더미를 묵묵히 머리와 어깨에 잔뜩 짊어진 소나무 숲 사이 잠시 발길을 멈춰 서서 이제 누가 진정한 벗인지, 적인지를 묻고 있다. 지난날들의 손쉬운 선택과 분노보다 더 지독하고 잔인한 죽음의 폭설을 예감하며.

더 이상 참이거나 거짓 또는 옳거나 그른 것을 따지는 것이 무의미해진 연대의 산등성이.

난 아무렇게나 넘어져 썩어가는 고사목과 작년 태풍에 뿌리를 드러낸 채 길을 막는 아카시아 나무들 사이 자꾸 한쪽으로 쏠리는 눈구렁 속으로 한 발짝 더 깊숙이 내딛는다.

괴물의 시간

　문득 피가 식어간다. 수탉 벼슬 같은 돌기가 머리를 가르며 솟아오른다. 나뭇가지를 타고 올라온 풀뱀 한 마리, 비에 젖은 가엾은 도마뱀을 가만 응시하고 있다. 온몸에 고기비늘 같은 각질이 덮여가고, 어느새 일각수처럼 이마에 뿔이 솟아있다. 한때는 정말 아름답고 선량한 정신의 눈을 가졌던 고독한 제사장. 열린 허공처럼 무한한 마음과 어느 것에도 걸림 없는 자유의 영혼을 뽐내던 한 영장류靈長類를 이제 어디서고 찾아볼 길 없다. 겉으로 자유롭고 안으로 꽉 짜여진 정글의 법칙에 익숙해져 가는 동안 진화와 퇴행을 거듭해 온 무서운 저주다. 결코 용납할 수 없는 체제와 오랜 동거와 밀월을 나눈 정당한 대가다.

　돼지 창자 속 같은 어둠 속에서 깨어난 아침마다 거울을 들여다본다. 늑대처럼 먹이 사냥에 좋도록 튀어나온 입 주둥이 사이로 아침해처럼 붉은 입술이 빠져나온다. 정체를 알 수 없는 수많은 유령과 밤새 싸우면서 나의 눈은 더욱 깊어지고, 그토록 경멸하고 경악했던 동물들의 가면들이 나의 등 뒤로 뱀 허물처럼 나뒹굴고 있다.

세상은 그 누구의 것도 아니리니

누군가 지금도 눈에 보이는 것만이 전부라는 듯
한 겹 벗겨보면 너무나도 활발한 심장을 가진
당장 눈에 보이지 않는 것들의 가쁜 숨구멍들,
무수한 관계의 입술들을 시멘트로 처바르는
어처구니없는 일들이 벌어지고 있다

때아닌 능률과 실질을 숭상하는 실용주의자들이
하루아침에 굴삭기로 강바닥을 도려내고
하루아침에 천년, 만년에도 가물지 않던
물길을 죽음의 댐으로 가두려 하고 있다

손에 잡히는 것만을 중시하는 어설픈 유물론자,
제대로 된 꿈 하나 없는 지루한 현실의 진화론자들이
그저 하잘 것 없고, 보잘것없을 것 같은 강물 속의 수초들과
그 속에 알을 까는 각시붕어와 버들치들, 그리고 강변의 갈대들과
그 위를 나는 물총새와 왕잠자리들이 펼치는 여름날의 향연을
애써 무시하며 강바닥의 모래와 자갈을 연신 퍼내고 있다

그러나 기껏해야 시대착오적인 개발 지상주의자여
낡고 무모한 신념 또는 이념의 집행자들이여
결코 잊지 마라, 어느 인간도 이 세상의 주인이 아니라는 것을
최소한 제 목숨마저도 제 것이라 말할 수 없으며,
세상에 존재하는 그 무엇 하나 그저 이유 없이 존재하지 않는다는 것을

　그리하여 강물이 산을 넘고, 배가 산으로 올라가는
무모한 역행의 역사까지 동의한 것이 아니며,
기껏해야 오년, 십년도 버티지 못하는
어느 광기 어린 독재자의 망상까지 다 찬성한 건 아니라는 것을

　구부러지거나 느리게 흘러가는 대로 당당하게 빛나던 삶의 추억들이여
　당장의 성과와 눈앞의 이익 때문에 제 영혼을 자본의 매음굴에 넘기지 마라
　그리하여 결국은 임시변통일 뿐인 한 정파의 정강을 위해 연한 진흙을
　연신 삼키고 내뱉으며 살쪄가는 미꾸리들의 평화를 방해하려 들

지 마라

　잘났거나 못났거나 모두들 언젠가 한 번은 빛나고 마는,
　한 푼의 돈으로 살 수 없는 저 아무것도 아닌 것들의 찬란한 무한
들은
　한낱 스쳐 지나갈 뿐인 한 정객의 천박한 야망을 위한 먹이는 더
더욱 아니리니

나의 너털웃음에 대한 고백

애써 지키고 가꾸어온 가정이,
지지해온 한 세계가 뒤죽박죽되고 마는 순간이다
지금껏 날 지탱케 한 사랑의 등뼈,
내가 주인이라고 믿었던 몸의 발작이다
아니, 그토록 자신만만해하던
신념과 양심에 대한 반란 또는 모멸,
온갖 고정관념으로 배 불룩한
국기에 대한 경례와 애국가,
혹은 인공기와 적화통일에 대한 협잡이다
너무도 당연시해온 딸들에 대한 훈계와
늙은 아내와의 의무적인 잠자리,
그밖에 진지한 척 혹은 미친 척 살아온
모든 날들의 턱밑에 들이대며
다시 세우는 비수다, 쓴 울음이다
굳게 닫힌 마음의 빗장이 한꺼번에 열리면서
제멋대로 꿈처럼 목구멍을 타고 기어올라
어이없이 솟아오르는 나의 이 끝없는 웃음은,
느닷없이 배꼽 깊은 곳으로부터

가끔씩 토악질하듯 밀려나오는, 또는
아주 우연히 전혀 엉뚱한 곳으로부터
마구 터져 나오는 나의 너털웃음은.

조계산에 내리는 비

이 골짝 저 산등성이 구분 없이 비가 내린다

보조국사 지눌이다, 대각국사 의천이다 선종이냐, 교종이냐 편 가르지 않은 채 소나비 맞고 있는 송광사와 선암사 사이의 고갯길 원추리 꽃 한 송이 활짝 피어 있다

좌파다, 우파다 돈오냐, 점수냐 따져 묻지 않은 채 아직도 이것이냐, 저것이냐 네가 틀렸다, 아니다 내가 옳다 아옹다옹하는 중년 부부의 걷어 올린 바짓가랑이를 흠뻑 적시며 조계산 중턱에 장맛비가 쏟아진다

키가 크거나 작거나, 음지거나 양지거나, 먼저거나 다음이거나, 다급하거나 여유가 있거나, 이미 저버렸거나 피어 있거나, 혹은 피어날 것이나

늙은 상수리나무는 상수리나무대로, 어린 산죽은 산죽대로 당당하게 푸른 칠월 중순의 한낮

흘러가는 계곡은 각자 달라도 급하게 우당탕탕 흘러가는 빗물들이 질긴 인연처럼 결국 순천만 그 어디쯤의 바다에서 하나로 뒤섞일 뿐이라는 듯 비는 동서남북, 남녀노소, 상하귀천, 세간과 출세간, 지옥 불처럼 뜨거운 욕망과 얼음장처럼 차가운 이성을 차별하거나 나뉘지 않은 채

　때로 싸우면서 끌어안고, 때때로 끌어안으면서 싸우면서 무차대회無遮大會를 열고 있다

　금세 굵어진 빗줄기만큼 더 간절한 합환合歡을 꿈꾸는 먼 산의 자귀나무 한 그루 홀로 고요히 흔들리고 있다

오늘 하루도

하마터면 새벽녘에 찾아든 배앓이에 사금파리처럼 쌓인 세상에 대한 무례와 결례에 대해 사과 한 번 제대로 하지 못할 뻔 했으니,
 이제 그만 더 이상 피가 끓지 않는 해묵은 분노와 관례화된 슬픔을 잊기로 하자
 아직 결말나지 않는 사랑과 이별에 대해서 억지를 부리거나 애써 변명할 기회조차 갖지 못할 뻔했으니,
 유리컵을 방바닥에 떨어뜨리며 시작한 오늘 하루마저도 찬란한 절정의 출발이라고 우겨보자

 급기야 구급차에 실려가 꼬인 창자를 잘라내는 대수술 속에서 미처 다듬지 못한 거친 문장의 원고,
 날 것인 생각들이 썩지 않는 페트병처럼 인터넷 바닷속을 영원히 떠돌 뻔했으니,
 물오른 오월의 찔레 순에 까맣게 엉겨 붙어 그 목덜미를 물어뜯고 있는 진딧물 같은 가혹한 생의 비밀을 다 아는 체하지 말자

 내일은커녕 그저 잠깐 사이의 사태마저도 예측하지 못하는 내 마음이여

혼잣말처럼 스쳐 가는 얼버무림 또는 망설임 속에 행여 전생을 결정짓는 사태가 깃들어 있을 수도 있느니
　그마저도 생략한 채 뒤돌아서는 뒷모습이 아름다운 기억 하나쯤 어디선가 푸르게 숨 쉬며 떠돌고 있을지도 모르니

딸들에게 보내는 편지

기억해 보렴, 갈수록 늘어가는 의무와 책임의 책가방 무게에 지쳐 쓰러지듯 곤히 잠든 내 딸들아

별다른 의미 없이 주고받던 우리들만의 즐거운 말놀이와 함께 손잡고 걸었던 들판이며, 한때 먼 곳으로 여행하며 끊임없이 질문하고 답하던 시간들을……
우린 그것 때문에 금세 까르르르 웃음을 터뜨리고 혹은 토라져 한동안 입을 삐죽거렸지만, 언제나 잘 익은 말의 밀 향기로 피어올랐지

그렇듯 지금 여기의 세상에서 살아있는 날들이란
내 딸들아, 어찌 내일을 위해 오늘을 희생하거나 어제를 부정하는 일이랴

결코 그렇지 않다, 그저 새순 돋고 낙엽 지는 하찮은 것조차 꽃 피고지고 열매 맺는 일만큼 의미 있는 일이라는 알 때가 올 것이다
마치 양파껍질을 벗겨가듯이 그 무언가의 알맹이를 찾아가는 것이 아니라 겉과 속이 구분이 되지 않은, 어쩌면 바깥이 안이고 안이

바깥인 그 열려진 결말 사이에 너희가 살고 있다고 난 그만 말하고
싶어진다

 어이 그렇지 않으랴, 한 지붕 아래서 이렇게 이 한밤을 지새울
수 있는 것만으로 행운이고 행복인 내 딸들아
 오, 어느덧 젖가슴이 부풀어 오르고 그저 달콤한 맛만을 즐기지
않은 나이가 된 두 딸들아

 잊지 말아다오, 희망은 흔들림 없이 어느 곳을 향해 가기보다 대
책 없이 어디론가 흘러가면서도 끝내 제 길로 들게 하는 힘이라는
것을,
 너희가 귓갓길에 해찰하며 군것질하거나 곁눈질하다가 우연히
부딪친 것들조차 일단 딱딱한 사물로 변했다가
 때가 되면 문득 말랑말랑한 추억의 솜사탕으로 한껏 부풀어 오르
리라는 것을

 너희들이 이불조차 제대로 덮지 못한 채 허리 구부려 웅크려 자고
있는 저 창밖의 먹구름이 금세 천둥번개로 변하고 폭풍우로 몰려와
도

그래, 저 난폭하고 무자비한 시간의 횡포들조차 때로 사랑의 불꽃이 되고 사유의 촉수가 되는 것을 믿기에,
　나는 예전처럼 그다지 불안해하거나 두려워하지 않는다

　우리가 통과해온 모든 지상의 나날들이 축복이고 고행이었다는 것을 이제 조금 자신 있게 말할 수 있기에,
　난 너희들의 머리맡에서 가버린 것들을 아쉬워하지 않고 다가올 것들을 겁내지 않으면서,
　또다시 그 정직한 속임수에 속아보기도 하자고 가만 얘기하고 있는 것이리라

거대한 흡반

가제 솜에 적신 물기로 겨우 입술과 입안을 축이다가 삼킨 물 한 방울이 오랜 금식의 혓바닥과 입천장, 이빨과 잇몸 속으로 성난 급류처럼 스며든다. 목구멍을 타고 식도에 채 닿기도 전에 심장에 합류한 물 한 모금이 실개천처럼 말라붙은 육신의 정맥 속으로 고루 붉은 피를 흘려보내고 있다. 한 입 베어 문 한 조각 사과에서 쏟아진 즙들이 거대한 흡반이 되어버린 장기臟器들의 점막을 뚫고 굵은 동맥의 강물로 콸콸 쏟아지고 있다. 문득 지극히 평범하고 당연한 것들이 가장 놀랍고 또 힘들게 느껴지던 생의 일순一瞬, 마침내 절대 안정의 팻말이 치워진 그 저녁에.

늙은 배우

나이가 많아도, 병을 앓은 적이 있어도 오케이라고
아무것도 따지지도, 캐묻지도 않는 보험이 있다고
입가에 애써 웃음 띤 늙은 배우가 보험 가입을 권유한다

지금껏 당신들은 매우 운 좋게 살아남았을 뿐이라고,
그러나 누구든 거기서 영원히 예외일 수 없으리라고.

독거인獨居人

그날 새벽 여섯 시 무슨 일이 일어난 건가
황망히 119 구급차에 오르려다 미처 잠그지 못하고 내려온 출입문 열쇠 때문에 아픈 배를 움켜쥔 채 이 층 계단을 겨우 기어 올라가고 있었을 때
누군가엔 축복이고 또 누군가엔 재앙이었을지도 모를 눈보라가 쏟아지고 있었다니!
결코 기억하지 못하는 단절의 시간 속으로 다급히 사이렌을 울리며 한강대교를 건너 응급실로 달려가고 있었을 때
그제서야 온전히 제 몫인 극한의 어둠과 결단의 순간들만 앞다투어 기다리고 있었다니!

그러나 한 사내가 병상 네 귀퉁이에 손발이 묶인 채나마 홀로 깨어났을 때
정말 그게 가능하기나 하냐는 듯 겨울 창문 안으로 아침 해가 그리도 뻔뻔한 얼굴을 들이밀고 있었다니!

가족도 家族圖

너무나도 가깝고도 멀어서
아침마다 고기반찬을 나눠 먹고도
여태 서로의 꿈을 모른다
너무나도 멀고도 가까워서
각자의 방문을 걸어 잠그고서야
벌써 궁금해진 안부를 묻고 있다
더는 가까워질 수도,
혹은 멀어질 수도 없어서
더러 꼭 껴안거나 다리 하나 걸친 채
밤새 저마다의 병명으로 끙끙 앓으며

재생의 시간

매 순간 혼절에서 깨어나는,
죽음을 사는 불처럼 투명한 흰 눈들이
보바스 병원 유리창에 달라붙는 겨울 오후

연애도, 공부도, 싸움도
젤 잘한다고 믿었던 두 아이의 아버지가
다시 처음부터 걸음마를 배우고 있다

여전히 불구덩이라도 뛰어들어
제 생의 남은 연소를 확인시킬 각오의 한 소방관이
그나마 성한 왼손과 왼발에 의지한 채
숯덩이 된 시간의 계단을 오르내리고

마비된 근육의 입술을 씰룩이며 잃어버린
모음(母音)들을 하나씩 따라 발음해 보는 사이
모든 생의 순간마다 치열하게 타오르던
푸른 불꽃들이 검은 혀끝을 맴돌고 있다

제4부

되새 떼처럼

아무도 주의를 끌지 않던 젊은 날의 순결한 피 한 방울이
놀란 한 마리 되새처럼 튀어 오른다. 잠시나마 웃고 떠들며
애써 위로와 평안을 구하던 날들이 거대한 파문을 일으키고 있다
늘 처음이자 마지막이었을 곡예비행을 채 마무리하지 못한,
해가 진 뒤에도 여전히 귀환하지 못한 한 시절의 낙오병 같은 새들이
어느새 어둑한 하늘의 검은 비닐봉지들처럼 떠돌고 있다.
한때 수천수만의 되새 떼처럼 하늘로 치솟아 올랐을 때 환희라 불렸으며
공중의 돌멩이처럼 형편없이 추락했을 때 기꺼이 비애라고 이름했던,
돌아보면 지극히 부끄럽고 서툴렀던 청춘의 날갯짓들이
 거대한 군무群舞를 펼치며 먹구름 낀 노을 속으로 솟구쳐 오르고 있다
 그새 어두워진 월동의 대나무 숲에 누구도 소등하지 못할 등불 하나,
 스스로 깨어난 불멸의 순간들이 때아닌 번개처럼 번쩍이고 있다

미완성을 위하여

목숨 걸듯 길길이 날뛰는 이 순간이
다시는 반복될 수 없는 행운이라는 듯이 살자
설령 통성명만 주고받고 말 사일지라도
하나의 역사와 마주하듯 눈물겹게 만나자

너와 나 사이 실꾸리처럼 얽힌 그 많던
슬픔과 기쁨, 비탄과 환희를 다 주고받기엔
솔직히 주어진 지상의 날들이 짧다고 말하자

너와 나의 만남 뒤에 넘쳐나는 그 많은 할 말들을
남겨둔 채 이렇게 초조해 하고 그리워하는 것만으로
우린 충분히 잘살고 있다고 전하자

제 흥에 겹거나 서러운 자들이 술집을 찾듯,
아니면 노래를 부르듯 가능하다면 유쾌하고 비장하게
금지된 사랑의 시간과 뜨거운 입맞춤을 나누자
늘 처음이자 마지막처럼 만나고 헤어지자

이제 아무리 가로막아도 제 갈 길이 분명한 것들을
될 수 있는 한 가혹하게 떠나보내도록 하자
늘 최후의 잔을 마시듯이 이별의 순간을 예감하자

뒤돌아보면 어처구니없는 모멸의 연속인 나날
결국 미완성으로 끝날 수밖에 없는 운명의 완성을 위하여
오늘도 위대하고 감격스런 생의 하루였다고 선언해 버리자

중력을 이기는 법

 달리는 버스 안에서 그녀가 슬며시 내 어깨에 기댔을 때 그녀의 질량은 한 송이 눈처럼 가벼워졌습니다. 바로 그때였죠, 자꾸 주저 앉히려는 중력 때문에 굵은 철심을 박은 차창 밖의 건물들과 비바람에도 꺾이지 않던 느티나무 가로수들이 통째로 이리저리 날아다니기 시작한 건. 그 황홀한 무중력의 속에서 난 금세 잠든 그녀를 왼팔에 안고 오른팔을 날개 삼아 하늘로 날아오르며 그제서야 겨우 떠올릴 수 있었답니다. 태양의 보석이라는 소녀에게 네 영혼을 맡길 거라는 아주 오래된 신탁을요. 돌이켜보면 소년이었을 때나 지금에나 나의 생은 그녀를 찾아가는 길이었습니다. 먼 훗날에도 난 그녀를 찾아 여전히 어디론가 떠돌고 있지는 않을까요?

 그래요, 이제 난 깊은 바닷속의 잠수부랄까. 결국 아무것도 아닌 크기와 무게들이 한꺼번에 사라지는, 지극히 무기력하고 무능해지는 이 순간의 고윳값을 알고 있답니다. 날 떠받치는 부력이 결코 내 속이 아닌, 나와 무관한 저 먼 반대방향에 있다는 걸. 오직 그때에만 그녀는 온전히 내 차지라는 것두요.

이별의 노래

네가 날 그렇게밖에 여기지 않았다니!
내가 널 그렇게밖에 보지 못했다니!
마주하기 힘든 불신과 오해의 눈길이 두려워
걸신들린 듯 연거푸 소주잔을 비우는 동안,
먼지 쌓인 술집 한구석의 낡은 스피커에선
연신 결코 오지 않을 그리운 순간들과
다시 번복할 수 없이 얼어붙은 관계를 노래하며
늙은 여가수는 마지막 정점을 향해가고
그 괴로운 시간의 중심에 갇힌 열정과 슬픔들이
미처 숟가락 가지 않는 섞어찌개처럼 마구 끓어오른다.
그래, 마냥 뜨겁고 무한하다고 믿었던 그 시절에도
우린 자신들도 모르게 태풍처럼 휘몰아치고 있었을
불가피한 운명의 사태에 한번쯤 괴로워했으리라.
어느새 꽉 닫힌 유리창 틈을 파고든 겨울바람에 당황하며
금세 냉정해져 버린 세월에 느닷없이 화내거나 문득
불온한 예감에 사로잡혀 혼자 마구 소리 지르기도 했으리라.
그러나 불현듯 죽음이라는 큰 혹에 안절부절못하듯이,
너와 난 처음부터 피할 수 없는 선택 앞에 내몰려 있는 것을,

아니면 일부러 악담을 퍼부어 주며 지지부진하기만 한 결별,
그 저주스런 이별의 맨얼굴과 정면으로 마주해야 했던 것을.
그러나 넌 정작 단 한마디 변명도 하지 않은 채
너무도 긴박하고 무자비하게 흘러가는 시간의 뒷골목,
완결 없는 변덕의 한 세계로 거칠게 등 떠밀려간다.
정령 그럴듯한 작별에 대한 예의조차 표하지 못한 채
난 또다시 다함없는 생성의 파도에 몸을 던진다.

흔적에 대하여

어느 케케묵은 책갈피 72페이지와
73페이지 사이에 희미한 커피 얼룩은
언제, 무슨 일 때문에 일어난 사태였던지

흔적은 그저 흔적일 뿐이라는 듯
오히려 필생의 비밀처럼 아득하고 난감해서
도대체 무슨 일이 일어난 것인지

느닷없이 엎질러진 커피에 민망해 하며
서로의 옷에 튄 커피 방울을 털어내고
필시 바닥에 떨어져 깨진 커피 잔을 쓸어내고
탁자를 물걸레로 훔쳐냈을 소란함도, 분주함도 없다

그러니까 그 커피 향이 뜻밖에 가져다준 선물은
이미 존재했던 사실의 확인이 아닐지 모른다
어디까지나 그 어리둥절한 거리만큼 어둡고
신비로운 너의 육체 같은 전망에 대한 탐험이며,
매번 다른 미래의 책장을 다시 처음부터 읽어가는 일

낡은 영화 필름처럼 지나가 버린 사태들을
몇 번이고 반복하여 재상영하는 것이 아니라
다가갈수록 패잔병처럼 도주하는 황혼의 지평선,
몇 겹으로 덩굴진 시간의 사타구니로 접어들어 가는 일

기울어진 방 기둥과 투명테이프로 덧댄 깨진 창문,
지붕을 타고 기어오르던 호박덩굴과
개미처럼 기어 나오는 전혀 낯선 줄거리들이 뒤엉킨 채
불가사의한 어둠의 심연에 순금처럼 가라앉아 있다

그러나 아직도 그 커피 자국 아래 남아있는 것들은
놀랍게도 너와 나의 기억 속에 아직 도착하지 않은 것들
단 한 번도 마주친 적 없는 추억들이 불멸의 순간,
언제, 어디서고 불타오르는 환한 미지를 불러들이고 있다

기다리는 아침은 더디 온다*

너의 전부를 내 것으로 만든다면
나는 다시 혼자다
그 욕망의 끝은 절대 고독이다

슬프게도 너는 아직 결정되지 않은
나의 근원으로 남아주어야 한다

아쉽게도 기다림의 끝은
아무것도 남아 있지 않은 폐허,
모든 것이 아니면 죽음이다

영원한 이별만이 기다리고 있을 뿐이다

그대여, 여기저기 피어나는 오월의 들꽃
네 코끝을 간질이는 그 푸른 향기를 맡으라

그때서야 더디 오는 저 아침의 찬란,
지레 놀라 날아오르는 새들을 맞으라

한 번도 주어진 적 없는 상처 없는 시간이
지금, 이 순간에 반복되어 나타나고 있다

아직 솟아오르지 못한, 아무것도 아닌
미련 속에 늘 다시 시작케 하는
희망이 도둑처럼 다가오고 있다

*Wished morning delay.(Jhon Milton의 말)

사랑의 찬가

누군가와 마주 보는 것만으로 저수지의 얼음장에 금이 가고
누군가 고백하자마자 청산도의 동백꽃이 한꺼번에 피어나고
누군가 입술과 입술을 맞대자마자 겨울잠에 빠져있던 개구리들이
일제히 관 뚜껑처럼 무거운 흙덩이를 밀치며 팔짝 뛰어오르고
뒤질세라 왕벚꽃들이 금세 남해를 건너고 지리산 왕시루봉을 넘어
성난 소처럼 더운 콧김을 내뿜으며 씩씩하게 북상하고
마침내 누가 먼저랄 것 없이 서로의 알몸을 더듬으며 뒤엉키는 순간
화들짝 놀란 새들이 제 둥지를 푸드덕 공중으로 솟구쳐 오르고
연이어 머나먼 동해안의 파도가 일파만파 되어 방파제로 넘쳐오고
느닷없는 태풍이 되어 유리창을 마구 뒤흔들거나 전신주마저
덩달아 오리 깃털처럼 가볍게 날아오르는 기적의 나날들이여

보라, 기꺼이 저마저 불살라버리는 열정과 고독이 아니었다면
결코 피어오르지 않았을 이 찬란한 영광의 불꽃들을,

그새 죽음마저 두려워하지 않는 모험과 결단이 아니었다면
결코 만날 수 없는, 전혀 몰라보게 달라진 새 몸의 하늘과 땅을.

문창과 시 수업

어느 유명대학 경제학과 교수가 신입생 오리엔테이션에서 그랬다지요?

"이 세상에는 Capitalist와 Labor class라는 두 계급이 있다. 그리고 그 차이점은 은행에 갔을 때 드러난다. 1층에서 번호표를 뽑아 찌질하게 기다리는 자들이 노동자 계급이고, VIP실로 올라가 여유롭게 커피를 마시며 일보는 자들이 자본가들이다. 그러니까 너희들은 열심히 공부해서 Capitalist가 돼라"고요.

글쎄요, 과연 그게 이 땅의 젊은이가 가져야 할 올바른 삶의 척도인가요? 설사 그렇다손 치더라도, 차례대로 줄 설 줄 아는 것이 청년의 길이자 민주시민의 기본 양식이 아닌가요? 힘 있고 돈 있는 자들의 군림을 정당화하는 건 약육강식을 당연시하는 여느 동물의 세계와 어떻게 다른 것인지요?

물론 문창과 수업이라고 해서 엄연한 현실을 외면하는 환상이나 몽상의 가치나 가르치는 건 아니랍니다. 세상에 대한 끝없는 연민과 자신에 대한 가차 없는 엄격함이 때로 낭만의 피를 타고난 자들을 성난 리얼리스트로 만들기 때문이지요. 어쨌든 어쩌다 흥이라도 나면, 문학은 결국 이득과 손실을 따지는 장사꾼의 속셈이 파고들 수 없어 위대한 게 아니겠느냐고 반문해 보기도 한답니다.

―― 지금껏 자신의 시간과 노력을 투자한 작가의 노동량에 따라 그 가치를 평가받은 적이 한 번도 없는 게 시라는 물건이고요. 말하자면, 바로 그게 유일한 시의 존재 이유이자 가치라고 하면 너무 터무니없게 들리시나요?

아무렴, 돈으로 사거나 팔 수 없는 한 줌의 몽환과 우연, 침묵과 혼돈, 고독과 방황에 대해 이토록 진지하게 묻고 답하는 학과가 이 땅에 있나요? 단 한 차례의 재생산도 허용하지 않는, 끊임없는 창조로 모두를 일시에 창공으로 끌어올리거나 순식간에 지옥까지 내동댕이치는 상상력의 모험을 요구하는 수업이 문창과 말고 또 있나요?

뭐, 그냥 시 쓰는 일이 열심히 할수록 가난해지는, 그런 하찮고 보잘것없는 일이라고 칩시다. 그렇다고 그게 누굴 못살게 굴거나 짓밟도록 하던가요? 그게 아니라면, 어린 시인들의 눈망울들이 사파이어처럼 반짝이는 21세기 문창과 시 수업이 사뭇 감동적이지는 않은지요? 정말 이건 저만의 착각인가요?

낡은 비유에 대한 경고

  지나치게 강요당한 겸손과 예의, 가치와 기준으로 허리 굽은 물의 설교들,
  기껏해야 교훈과 아니면 훈계일 뿐인, 경멸을 모르는 물길의 비유들을 거슬리며
  어김없이 4월이면 불쑥 키 자란 푸른 파도로 일어서는 김제평야의 보리밭들,
  탱자나무 이파리를 연신 먹어대는 호랑나비 애벌레의 몸속에 출렁이는 흰 물길들은
  고삐 매기 직전의 송아지처럼 날뛰거나 버팅기길 즐겨하는 힘센 생성의 긴 혓바닥,
  일단 붙잡은 것들은 놓치지 않으려 무조건 목덜미를 조이는 경박한 애인의 두 팔,
  망각의 목구멍에 삼켜지지 않는 시간과 생명의 법칙을 토해내는 큰 입을 갖고 있다.
  지금도 보이지 않는 곳에서 더 뜨겁고 간절하게 소용돌이치는 물결들은
  여전히 낮은 곳으로만 흐른다거나 흐르지 않으면 썩는다는, 낡고 오랜

급훈 수준의 이미지들을 부끄럼 없이 남발하는 시인들을 비웃으며,
알 수 없는 그 어떤 거대한 율동의 줄기, 확실한 열망의 꽃봉오리로 피어나고 있다
낡아빠진 명분과 계획을 앞세운 개발론자의 포클레인 삽날에도 찍히지 않고,
수직의 콘크리트 댐에도 갇히지 않는, 범람하는 꿈의 목관木管을 타고
그게 무엇이든, 기꺼이 살아있는 것들을 찬양하며 요동치는 운율의 강물들은
뻔뻔한 역사의 얼굴들을 할퀴거나 내동댕이치며 비와 바다의 근원과 기원,
저 아득한 높이와 깊이 사이에서 저만의 천지창조를 열어가고 있다

시인들 · 1

 고작 필멸의 나부랭이일 뿐인 자들이 겁도 없이 불멸을 노래하며 함량미달의 시구를 대리석에, 동판에 새기는 꼴불견들이라니!

 욕심쟁이로 치면야 어찌 그들만 하랴. 허나 알고 보면, 그 야심이라는 게 고작해야 나타나는 찰나 사라지거나 열리자마자 닫혀버린 문과도 같은 순간들에 대한 맹목. 혹은 살아 숨 쉬는 영원의 심장을 붙잡을 욕심에 그만 제 발밑의 수렁을 보지 못한 자들의 조급증과도 같은 거.

 우리들의 일생이란 그 속에서 한낱 그들의 의지에 따라 솟구치거나 꺼져가는 불길에 지나지 않을지도 모르는 일.

 그렇게라도 이 지상에 존재했음을 입증하고자 어디선가 지금도 종이 대신 비면碑面을, 연필 대신 강철 끌을 손에 들고 마구 설치는 꼴이라니!

 어리석음과 과잉으로 치면야 그 누가 그들을 따라가랴. 돌이켜보면, 하지만 우린 여지없이 곧잘 하강하거나 상승하는 그들의 꿈의 완력에 붙들려 있는 포로 신세.

시인들 · 2

신대륙에 상륙한 스페인 정복자들처럼 안하무인이되 남이 아니라, 오로지 자신을 향해 용감하게 총을 겨누고 칼끝을 세워 검은 중력의 뒤꿈치를 박차고 비상의 날개를 치켜들려는 좀도둑.

무기력한 어제를 화해 불가능한 추억거리로 전락시키고, 수수방관의 내일을 신비의 그림자로 무성하리라 말하는 거간꾼.

한 번 지나가면 그뿐인, 단 하나뿐일 무한이 된 유한 혹은 유한한 무한으로 가는 길을 막아선 훼방꾼.

일체의 과거도, 미래도 갖지 않는 순수한 현재를 송두리째 움켜쥐려는 말의 사냥꾼들.

그러기에 더욱 외롭고 무죄인 자들이 과거의 강물을 깊게 가로지르는 것, 미래보다 앞서 가는 건 오직 바로 이 순간이라고 떠들고 있다.

말들의 궁합

얼핏 보기에 전혀 어울릴 것 같지 않은 반대의 말들, 그러나 기계적인 중립도 아니고, 그렇다고 하나가 하나를 짓누르거나 서로 동일하지도 않는,

조금은 키가 맞지 않는 어긋남 속에서도 그 누구보다 행복해하며 찰떡궁합을 보여주는 단어들

서로를 제 것으로 하려고 헐떡이면서도 어느새 저를 잊은 채 서로의 몸과 피 속에 녹아드는 제3의 언어,

지나친 대립이나 유사성을 거부하며 가장 순수한 얼굴 표정을 하고 있을 말들.

1. 혁명과 낭만

자신의 양심마저 단두대에 세우는 엄혹한 칼날의 길인 혁명과 그만큼 완강한 반동 사이, 대책 없이 명랑한 둘째딸 같은 낭만의 아슬아슬한 균형, 위태로운 평화.

2. 사랑과 고독

폭우처럼 모든 것들을 휩쓸어 가는 망나니 같은 사랑과 필시 뒤따르기 마련인 후회와 증오 너머로 슬그머니 밀려오는 늙은 수도사 같은 고독, 의미 있는 우연.

3. 비판과 열정

한 치의 오차도 허락지 않는 기계 같은 비판과 저마저도 납득할 수 없는 칭송을 물리치는, 한순간에 공중으로 들어 올렸다가 땅바닥으로 곤두박질치는 광장의 분수 같은 열정.

4. 결핍과 성숙

자신도 모르는 심연에 입 벌리고 있는 무한 탐욕을 부르는 결핍과 결코 충족만이 아닌, 때로 갈라지고 찢긴 마음을 하나 되게 하는 힘, 지극한 평화와 희열로 가는 성숙의 징검다리.

5. 공격과 포용

선과 악, 적과 아군, 옳고 그름만을 따지는 공격으로 상처받는 자들에 대한 반격이 아닌, 그것마저 넘어서는 늙은 어머니 같은 포용, 무한의 알력보다 더 적극적인 창조.

*옥타비오 파스의 『활과 리라』 중에서

심청전 · 1
—인당수에 빠지는 대목

난 어디서든 태어나는 물의 영혼,
모든 소리들이 숨을 삼키고
거친 노래들이 잠시 고요해질 때
항상 똑같은 계절이 반복되며,
파도조차 일지 않는 가장 깊은
해구海溝 속으로 자진하여
나를 밀어 넣는다
제 가슴 속에 삼엽충에서
왕잠자리까지 품고 있는 난,
아무도 날 위해 울거나
지켜보지 않는 바로 그때,
더 이상 구원도, 기도도
닿지 않는 깊이의 해저,
태초 이래 빛이라곤 없던
시계 영점의 인당수에 몸 던진다

그러나 난
막강한 수압水壓을 견디며

기꺼이 잠수하는 한 마리 향유고래,
광대한 우주 속으로
폭음을 쏟아내며 떠나지만,
어쩌면 본래 떠나온 시원으로
여행하는 한 개의 외로운 운석,
희미하게 길 밝히는 제 안구의 발광기,
더욱 예민해진 더듬이에 의지한 채
드디어 죽어버린 모든 혼들을
마구 흔들어 일으키는
그 어떤 거센 움직임,
여전히 생명의 거품 부글거리는
시간의 분화구로 향해 간다
뜻밖에 거기서 난
단 한 번 주어진 선택에 떠밀려
전혀 낯선 운명의 전생前生,
이미 다가온 미래와 마주친다

방금 그 속에서 잉태된 난
한 덩이 미끈거리는 진흙 동물,

갈망과 절망 사이에서
쉴 새 없이 자맥질하는
어김없이 떠오르는 보름달 같은 확장,
아니면 장엄하게 피어나는
한 송이 연꽃 같은 모색,
어두운 죽음의 힘으로
거듭 불멸을 껴안고 떠오른다

천상과 지상, 순간과 영원 사이
끈적이는 양수막을 뚫고
수천수만의 눈동자를 가진
푸른 물방울로 환생하고 있는 난,

심청전 · 2
―봉사 눈 뜨는 대목

끝내 부르튼 목마른 입술들, 그새 검게 갈라져 메마른 혀들이 첫 울음처럼 붉고
여전히 강보에 쌓인 채 한 아이가 제 어미를 바라보며 방긋 웃고 있다
이제 가장 깊은 바다의 배꼽에 피어난 한 송이 꽃이 된 어린 소녀여
서로가 서로를 물어뜯으며 해파리처럼 번식하는 악마의 시간 속에서 죽어
다시 태어날 수밖에 없는 넋들이 그 밑 모를 수궁水宮의 그 어디선가
관棺 속 같은 맹목의 어둠에 휩싸여 있는 지상의 아비들을 불러 세우며 울고 있다
저 배고픈 유한의 목구멍 어디선가 저를 부르는 간절한 소리 때문인가
아니면 불러도 불러도 대답 없는 신들의 가소로운 자비 때문인가
모든 구원이 한꺼번에 끊겨버린 세상의 모든 가난과 무의미를, 그러나 망설임 없이 끌어안은 채 차고 빠른 물살의 인당수로 뛰어든 심청이여

여전히 그칠 줄 모르는 반목과 헛것의 감옥에 갇혀있던 눈뜬장님의 청맹과니들이
 문득 한날한시에 약속도 없이 피어나는 꽃들처럼 꿈쩍꿈쩍 눈을 뜨고 있다
 화단에 떨어진 노파를 강간한 파렴치범, 공중변소를 통해 장기를 매매하는 거간꾼들이
 애써 뿌리쳐도 제 심장이 들려오는 낯선 움직임, 그러나 한번쯤 들어보았을 그 어떤 속삭임에 놀라
 한 명 두 명, 아니 스무 명 서른 명씩 지금껏 본 적 없는 맑은 새 눈을 반짝이고 있다
 어제까지 물에 갇힌 게 발처럼 서로가 서로의 눈을 찌르는, 그새 보이는 것만을 더 집요하게 숭배해온
 부자, 가난뱅이, 귀머거리, 정치모리배, 사기꾼, 투기꾼, 예수쟁이, 그리고 눈먼 서정 시인들의 냉혹한 이마들마다
 처음부터 감아본 적 없는 무궁의 깊이와 높이를 가진 눈동자가 열리고 있다

해설

생성과 순간의 시학을 꿈꾸다

이성희(시인)

1. 마음에 점을 찍다

　금강경의 대가라고 자부하던 덕산 스님이 용담 스님을 찾아가는 길에 한 떡집에서 점심을 시켰다. 떡집 노파가 떡을 썰면서 묻는다. "스님 금강경에 '과거심 불가득, 현재심 불가득, 미래심 불가득'이라 했는데 스님은 어느 마음에 점심(點心; 마음에 점을 찍음)하시렵니까?" 순간, 덕산은 말문이 턱 막혀 버렸다. 수십 년 금강경을 공부한 공력이 와르르 무너져버리고 목이 댕강 달아났다. 말해 보라. 과거의 마음도 얻을 수 없고, 현재의 마음도 얻을 수 없고, 미래의 마음도 얻을 수 없다면, 당신은 어느 마음에 점을 찍을 것인가? 점을 찍을 마음이 없다면, 지금 이 순간 우리는 도대체 무엇인가? 점심 한 끼 얻어먹기 참으로 힘들다.

시인의 배역은 불길하게도 그 교활한 노파가 아니라 말문이 턱 막힌 덕산 쪽에 가까워 보인다. 목이 댕강 달아난 채 말의 벼랑을 더듬는 순간, 그 아슬아슬한 현기증은 아무래도 시인의 몫이다. 그리하여 시인이 더듬는 말은 무수한 말과 아득한 침묵 사이에서 점멸한다. 옛 조사(祖師) 왈 "말해보라, 말을 해도 주장자 세 대 맞을 것이요, 말을 하지 않아도 주장자 세 대 맞을 것이로다."하며 낄낄거리는데 어쩌란 말인가.

점을 찍을 자리, 부재로만 현현하는 그 자리에 점을 찍으려고 할 때 문득 우리는 과거도 현재도 미래도 아닌 모종의 '순간'을 만나게 될지도 모른다. 그 '순간'은 말이 점멸하는 자리, 말의 벼랑이다. '순간'에 점심하고자 하는 게 시인의 욕망이라면 이게 당최 여의치 않음은 불을 보듯 뻔한 일. 금강경 논법에 따라서 그 순간은 과거에도 없고, 현재에도 없고, 미래에도 없기 때문이다. 그리하여 이런 불길한 시인의 갈증은 마치 대립하는 극을 하나로 껴안으려는 듯한, 불가능을 향한 안타까운 요동처럼 보인다. 과거-현재-미래(이 순서는 실상 몹시 임의적이다)로 쉼 없이 흐르는 생성과 동시에 한 순간의 정지 속으로 도약하는 스냅사진 같은 것, 부재와 현존의 깜박거림, 장광설과 막막한 침묵의 사이. 이 사이에서 우리는 임동확의 새 시집을 펼쳐보아야 할 듯하다. 그의 이번 시집은 이러한 불가능의 요동으로 아슬아슬하게 진동하고 있다. 그 요동을 만나는 것은 당혹스럽고도 즐거운 일이다.

2. 순간과 만나다

　시인은 우선 우리의 익숙함을 한번 흔들어 볼 요량인가. 이번 시집의 첫 시인 「순간들」은 그동안 임동확의 시가 잔혹한 추억과 팽팽하게 겨루면서 획득해 왔던 치열하면서도 유장한 울림과는 사뭇 다른 리듬을 전한다.

　　있어도 그만, 없어도 그만. 하지만 어쩐지 그 자리가 비어있는 듯해서 곰곰 생각하면 자폐아 아들을 빛처럼 남긴 채 홀연 떠난 바보새 출판사 김규철 사장처럼 사실은 아주 가난해서 문득 눈물짓게 하는 것들.

　　그래, 가만 화장실에 다녀오다 담배 한 대 피우며 무심히 올려다본 밤하늘의 별들처럼 아주 순박해서 걷잡을 수 없이 그리워지는 것들.

　　내세울 것이라곤 남루와 무명뿐이어서 어떤 기록이나 분류에도 자꾸만 엇나가는 역사의 푼수들처럼 끝내 어중간해서 더욱 안타깝거나 아름다운 것들.

　　이를테면 한낱 스쳐 가는 필선筆線에서도 태양보다 무려 100억 배 이상 빛난다는 초신성 같은 추억을 숨겨왔을 화가 여운의 목탄화처럼 실상 매우 투박하고 거칠어서 더더욱 간절하고 서러운 것들.

　　그래서 강보襁褓에 쌓인 아이처럼 끝없는 보호와 구원의 손길이 필요했을 예외의 가치들.

　　그러나 마지막 판돈까지 잃은 도박꾼을 따라 걷던 밤길의 그믐달처럼 그저 덧없어서 자꾸 헛웃음 짓게 하는 것들.

　　아무렴, 잊어도 좋으련만 오로지 부재로서만 둔감해진 가슴을 피할 새 없이 빗방울처럼 파고드는 사랑의 순간들.

―「순간들」 전문

 이 흥미로운 시는 스스로 리듬을 타며 다변을 쏟아놓기도 하고, 또한 그것을 여지없이 툭툭 끊어 놓기도 하면서 우리로 하여금 몇 가지 질문을 제기하게 한다. 우선, 이 시에서 말하고 있는 '순간'이란 무엇인가? 여기서 일곱 가지(7연)로 열거되고 있는 것들은 시인이 깨달은 '순간'의 일반적 속성을 구성하는 것들에 대한 알레고리인가? 그렇다면 「순간들」은 시간론이나 존재론 같은 모종의 큰 담론과 잇닿아 있을 가능성이 있다. 그렇지 않으면 제목에 '들'이라는 복수형을 취한 것처럼 시인이 체험한 다양한 순간들의 단순한 나열이거나 일종의 목록인가? 후자와 같은 의문을 가지게 되는 것은 연들이 제각각 비교적 독자적인 삽화를 이루고 있기 때문이다. 질문은 시의 형태로 곧장 연장된다. 이전의 시들에 비해 행은 길어지고 연은 짧아지면서 연의 수가 많아졌다. 그것은 한 행이 한 연을 이루는 형태 때문이다. 행(연)은 서술적이어서 하나의 독립된 이야기가 되려는 경향을 자주 보이고 있다. 그러나 그 이야기는 더 이어지지 못하고 연을 나누는 공백에 의해 금세 차단된다. 이야기로 풀어지려는 행의 힘과 그것을 차단하는 연의 틈이 충돌하고 있다.(이와 유사한 형태는 바로 전 시집인 『태초에 사랑이 있었다』(2013)에서부터 출몰하고 있는데 이번 시집의 시와는 거의 비슷한 시간대에 창작된 것으로 보인다.) 이러한 형태는 어떤 감춰진 욕망이 드러난 것인지, 아니면 계산된 전략인지? 그것은 시인이 모색하고 있는 '순간'과 어떤 연관을 갖고 있는지? 이 시가 환기시키는 의문들은 실상 이번 시집 전체를 관통하는 문제들이다. 그렇다면 「순간들」은 이 시집 읽기의 열쇠가 되는 서시라고 할 수 있을 것이다.

　각 행들은 서사적 이야기(앞뒤가 잘려진 이야기), 혹은 어떤 사태의 서술이 앞에 나오고 뒤에 그것에 대한 화자의 판단과 평가가 덧붙여져 있다. "문득 눈물나게 하는 무명한 것들", "역사의 푼수들", "간절하고 서러운 것들", "보호의 손길이 필요했을 예외의 가치들", "특별할 것 없는 덧없음의 기억들", "가슴을 파고드는 사랑의 순간들"이 화자의 평가가 개입된 진술들이다. 단, 2연에서는 판단의 진술이 불명확하다. "창문의 맨살"이 비유를 통한 판단인지는 명료하지 않다. 이 비유는 투명한 유리창처럼 "부재로서만" 열리는 '순간'의 속성을 암시하고 있는 것일지 모른다. 우리는 일단 이 목록들을 기억해 둘 필요가 있다. 그리고 그것들이 '순간들'과 어떤 관련을 갖는지는 우선 이전의 다른 시들과의 연관성 속에서 살펴보아야 할 듯하다.

　　(1) 무심코 지나쳤을 흰 구름과 더불어 그 어디에도 우연은 없다는 걸, 모든 순간이 영원이며 처음이고 마지막이라는 걸 온몸으로 증언하고 있다. (중략) 순간과 순간 사이로 명멸하는 저 달 아래 마침내 모두가 하나의 정점, 아니 그마저도 잊어버린 너의 여린 꽃잎마다 아무도 내려가보거나 되돌아온 적 없는 기억의 성좌星座가 반짝이고 있다.
　　　　　　　　　　　　　　　　—「지켜보는 이 없어도—月印千江 1」 부분

　　(2) 순간을 영원으로 드높이는 순수한 본능의 섬광이 반짝인다
　　　　　　　　　　　　　　　　—「하루살이에 대한 명상」 부분

　　(3) 저를 밀고나가는 건/낡은 추억의 힘이 아니다/번개처럼 일순 반짝이는 것들이/ (중략) /애오라지 어제는 어제일 뿐이다/마구 저를 흔들어대는/저문 봄밤의 파도 속에서만,/그 무한한 요동 속에서만 과거는/영원하고도 생생한 현재가

된다/미처 예기치 못한 혁명 같은/운명적인 마주침 속에서만.
—「가수의 노래에 술잔이 금가고」 부분

(4) 일제히 한순간에 피어난 길가의 코스모스처럼 아무것도 무너지지 않은 채 마주 서 있는/생생한 시간, 그러나 이미 그 시간을 벗어나버린 시간의 문짝을 활짝 열어젖히며
—「녹슨 종처럼 울기를 그친 것들이」 부분

(1)과 (2)는 2005년 시집 『나는 오래전에도 여기 있었다』에 실린 시이며 (3)과 (4)는 2013년 시집인 『태초에 사랑이 있었다』에 실린 시이다. (1)에서 순간은 영원과 이어지는 정점의 이미지로 나타난다. 그것은 자못 비장하기도 한데, 순간이란 항상 "처음이고 마지막"이기 때문이다. "순간이 영원"이라는 추상적 시간의 위상은 달이 천 개의 강에 비친다는 '월인천강'의 오래 된 비유 속에서 구체성을 얻는다. 하늘의 달이 영원이라면 모든 강에 비친 달은 순간이다. 처음이고 마지막인 매 순간에는 영원의 도장이 찍혀 있다. 여기에는 어떤 우연도 없다. 그러한 순간이 실상 생명의 순간임을 (2)는 보여준다. 하루살이야말로 순간이 반짝이는 섬광의 삶, 한 순간이 정점이요 절정인 삶이 아니고 무엇이랴. 「순간들」의 목록 중 "간절하고 서러운 것"이란 여기에 해당될 듯하다. 한 화가의 목탄화에 담긴 "초신성처럼 빛나는 추억"이라는 오랜 시간(혹은 영원)의 도장이 찍힌 정점(필선)처럼, 우리들 삶의 순간도 그러함, 혹은 그러해야 함을 시인은 말하고 싶은 것이리라.

(1)에서 순간은 아직 "기억의 성좌"로 현현한다. 그것은 과거의 기억과 추억들이 직조되어 이루는 정점의 반짝임이다. 그러나 (3)

에서 순간의 시간론은 좀더 복잡해진다. "번개처럼 일순 반짝이는 것들"은 "낡은 추억의 힘"이 만드는 것이 아니다. 오히려 지금 이 순간의 흔들림과 요동이 낡은 과거를 "생생한 현재"가 되게 한다. 생생한 현재의 순간은 우연을 허용치 않는 과거의 인과적 결절이기 보다는 "예기치 못한 혁명"처럼 문득 만난다. 여기에는 알 수 없는 무수한 우연들이 개입할 틈이 열려 있다. 이 우연의 틈이 허용될 때, 순간은 필연의 비정함을 벗어나 「순간들」에서 열거됐던 "무명한 것"이나 "특별할 것 없는 덧없음"이라는 목록들을 용납할 여지를 갖게 된다. 흔들림과 요동은 이 순간과 생생하게 만나는 현상이며, 이 만남이 무명한 것, 덧없는 것을 새로 인식하게 하고 생생한 현재가 되게 한다.

(4)에서는 한순간이 "아무 것도 무너지지 않은 채 마주 서 있는" 사태임을 말한다. 무수한 타자들이 함께 하고 있고, 그 함께 함이 지금 이 순간을 이루고 있다는 자각이다. 「순간들」의 목록 중 "어떤 기록이나 분류"에도 속하지 못한 채 "사라져간 역사의 푼수들"도 이 자각 속에서 구제된다. 그리고 그것은 서로 배려하고 보호의 손길을 필요로 하는 "예외의 가치들"이기도 하다. 우리는 이 무수한 푼수들과의 마주 섬, 병치를 기억해 두어야 할 것이다. 뒤에 살펴보겠지만, 이것은 임동확 시 형태의 미묘한 변화에 깊이 관여한다. (4)는 여기서 다시 한 걸음 더 나아간다. '마주 서 있는' 자각이 "그 시간을 벗어나는 시간의 문짝"을 연다. 그 순간을 벗어나서 쉼 없이 새로운 순간을 열어젖히는 것이다. 시인은 이제 그것을 '생성'이라고 하게 될 것이다.

임동확 시에서 일련의 흐름을 짚어볼 때, 우리는 시인이 꽤 오랫

동안 시간에 대해서 천착해 왔음을 짐작할 수 있으며, 이러한 천착의 과정 속에 「순간들」이 놓여 있음을 알 수 있다. 이번 시집이 「흔적에 대하여」에서 이러한 시간의 문제와 순간은 다시 한번 확인된다.

    낡은 영화 필름처럼 지나가 버린 사태들을
    몇 번이고 반복하여 재상영하는 것이 아니라
    다가갈수록 패잔병처럼 도주하는 황혼의 지평선,
    몇 겹으로 덩굴진 시간의 사타구니로 접어들어 가는 일

    (중략)

    그러나 아직도 그 커피 자국 아래 남아있는 것들은
    놀랍게도 너와 나의 기억 속에 아직 도착하지 않은 것들
    단 한 번도 마주친 적 없는 추억들이 불멸의 순간,
    언제, 어디서고 불타오르는 환한 미지를 불러들이고 있다
                           —「흔적에 대하여」 부분

   시인은 책장에서 오래된 책 한 권을 뽑아서 보다가 문득 한 페이지에 커피 얼룩이 있는 것을 발견한다. 이 커피 얼룩은 저 어둠 속으로 흘러간 시간 속의 어떤 사건이 스쳐간 흔적일까? 흔적을 추적하다가 시인은 흔적이란 존재했던 과거의 재생 가능한 사실이기보다는 과거와 미래가 엉키는 시간 복잡계의 입구("몇 겹으로 덩굴진 시간의 사타구니")이며, 그것은 또한 순간이 열어젖혀지는 사건임을 발견한다. 흔적으로 드러나는 순간은 과거의 결과가 아니라 쉼 없는 생성의 순간이기 때문에 "놀랍게도 너와 나의 기억 속에 아직 도착하지 않은 것들"이며 "단 한 번도 마주친 적이 없는 추억"들이

불러오는 "불멸의 순간", "환한 미지"이다. 시인은 오래된 책 속에서 문득 드러나는 얼룩, 인과가 끊어진 흐린 흔적에서 오히려 불멸의 순간을 통찰한다. 이러한 순간의 불멸성은 「되새의 떼처럼」에서 겨울 대나무 숲의 등불이라는 아름다운 이미지로 점등되기도 한다. "그새 어두워진 월동의 대나무 숲에 누구도 소등하지 못할 등불 하나,/스스로 깨어난 불멸의 순간들이 때 아닌 번개처럼 번쩍이고 있다."

지금까지 우리는 「순간들」의 목록 대부분을 다른 시들과의 연관 속에서 살펴본 셈이다. 다만 우리가 아직 음미하지 않은 한 목록이 "사랑의 순간들"임을 염두에 두면서 생성의 탐색을 본격적으로 전개하고 있는 다른 시 속으로 여행해 보자.

3. 생성의 뫼비우스 띠

임동확 시인의 시간과 순간에 대한 천착은 고상한 형이상학적 취미가 아니다. 그것은 그의 첫 시집 『매장시편』에서부터 시작하여 끈질기게 그를 사로잡는 과거의 집요한 그림자를 견뎌내고 보듬고 초극하는 삶의 과정이라고 보아야 한다. 하이데거에게 있어서 시간은 존재이해의 지평을 연다. 임동확의 시간 또한 그러하다. 시인의 시간에 대한 사유는 곧 삶에 대한 진지한 고뇌의 산물이며, 그것이 삶에 대한 새로운 지평을 연다. 이 과정의 치열함이 탁월한 이미지를 획득하고 있는 시 한 편을 보자.

죽어서도 잡념보다 매서운 추위와 풍화를 견뎌왔을

늙은 주목들이 죽은 가지를 뻗어 영하의 하늘을 찌르거나
저 망망한 태백의 연봉連峰을 벗 삼아 가만 직립해 있다

(중략)

그리고 수행자처럼 한 번 침묵에 들면,
천 년을 요지부동하는 내성耐性의 신전이 된다
거기에 대항하여 어린 주목들이 벌써 저만의 촉수로
혹한의 심장을 더듬으며 불멸의 신성가족을 꿈꾸고 있다
―「주목(朱木)」부분

  죽어서도 매서운 추위와 풍화를 인내하고 견디는 주목은 태백의 연봉을 벗 삼은 장엄한 직립의 이미지로 나타나고 있다. 그 치열한 견딤을 시인은 "내성의 신전"이라 하고 있다. 그것은 시인의 오랜 시력(詩歷)에도 상응할 듯하다. 그러나 이것만으로는 그야말로 견딤일 뿐이다. 시인의 초극은 오히려 견딤 가운데서 솟아오르는 어린 주목의 "촉수"에서 온다. 이 '촉수'는 시인이 발견한, "혹한의 심장"을 더듬는 생성으로서의 시간이다. 삶이란 과거-현재-미래로 이어지는 선형적이고 인과적 시간의 과정이 아니라 쉼 없이 도약하고 약동하는 엘랑 비탈, 생명의 어린 촉수이며, 자유의 생성이다. 이러한 생성은 「숭어」에서 다시 기운생동(氣韻生動)을 얻는다.

  얼마만큼 뛰어올라야 제가 자란 바다로부터 자유로울 수 있는가?// (중략) // 일체의 의지와 도약을 부정하는 정명론定命論을 잘도 거슬러가며//끝끝내 확정될 줄 모르는 수평선으로 바짝 다가가고 있다.// (중략) //더는 나아갈 수 없는 바다의 끝, 결코 날아오르기 위해서가 아니라/오로지 날아오를 수밖에 없는 존재의 정점으로 내몰린 숭어 한 마리,// (중략) //마침내 제 죽음마저 꿀꺽 삼킬

듯 처음부터 낯선 자유의 심연,//미끄러지듯 멀어지는 생성의 한복판으로 거침없이 뛰어들고 있다.

—「숭어」 부분

숭어의 도약은 정명론의 인과적 중력을 넘어서 확정되지 않은 시간을 연다. 숭어는 중력의 족쇄를 넘어서는 자유이며, 그 자유의 순간이 존재의 정점이다. 이러한 도약은 선택의 문제가 아니다. 사르트르가 인간은 자유를 선택할 수 없으며 자유롭도록 선고받았다고 외친 것처럼, 숭어는 그렇게 할 수밖에 없도록 내몰린 것이다. 아니, 생명을 산다는 것이 그런 것이다. 생명의 시간은 단순히 흘러가는 것이 아니다. 생명은 제 죽음마저도 끌어안는 끝없는 도약의 정점으로의 순간을 살면서 흘러가는 것이다(그 정점을 시인이 "처음이고 마지막"이라고 한 것을 다시 상기할 것). 그것을 시인은 '생성'이라고 한다. 숭어가 뛰어드는 "생성의 한복판"은 끊임없이 "미끄러지듯 멀어지는"데 그것은 순간이 항상 부재로서만 다가오기 때문이다. 생성의 한복판은 순간이다. 순간이란 '점심'할 자리이며 '정오'이다. 시인은 2013년 시집 『태초에 사랑이 있었다』의 자서에서 이렇게 말하고 있다. "살아 있는 모든 것들의 매 순간들이 비할 데 없이 찬란한 생명의 정오가 아니던가." 순간, 생명의 정오, 그 생성의 발견을 통하여 시인은 과거를 초극하고 생명의 바다로 나아간다.

생성은 지속이면서 도약이고, 흐름이면서 순간이다. 「숭어」는 이러한 생성을 형태상으로도 성취하고 있다. 한 줄의 행들이 각각 독립된 연을 이루면서도 전체 흐름의 호흡은 한 문장처럼 끊어지지 않고 이어지고 있다. 단절과 연결, 끊어지는 듯 연결되는 것, 그것이 생성이요, 생성의 역설적 형태들이다. 한 행이 자꾸 연장되어 산문화되는 다변과 그것을 끊은 연갈이가 충돌하는 시의 형태는 생성과 순간의 역설적인 위상에 상응한다. 생성과 순간의 위상은 「폭포」에서 극화된다.

> 오랜만에 다시 찾은 강천사 구장군 폭포, 결코 거부할 수 없는 하나의 구심점으로 몰려들며 불어나는, 그래서 한사코 하나의 중심을 고집하며 맴돌길 반복하는 물줄기를 거부하며, 오래 바뀌지 않는 하나의 의미로 질식할 것 같은 세계 밖으로 거친 물줄기를 쏟아내고 있다.
>
> 걸핏하면 하나의 목표 또는 신앙을 강요하고 설득해온, 그러나 원래 하나의 가치로 결집될 수 없어 벌써 수천수만의 물방울로 부서져 나간 고된 직립의 낭떠러지. 그래서 오직 흔적만이 대신할 뿐인 생의 무수한 순간들이 결코 아무것도 아닌 순수한 부재로 거듭 태어나고 있다.
>
> 그러나 홀로 완전할 수 없어 슬며시 서로 등을 기댄 폭포와 벼랑이 끝내 붙잡을 수 없는 지속, 금세 밝아졌다 어두워지는 찰나의 소리들을 낱낱이 일으켜 세우고 있다.
>
> ─「폭포」 전문

이 시는 폭포에 대한 감상문이 아니라 생성에 대한 사유다. 폭포를 하나의 알레고리로 볼 수 있다면 우리는 여기서 생성의 기이한 위상을 읽을 수 있게 된다. 거부할 수 없는 구심점으로 몰려든 물은 하나의 중심을 고집하는 정체(停滯)를 거부한다. 생성은 끊임없이 유동하는 흐름이다. 그러나 정체화에 질식되지 않으려면 물은 기어코 "고된 직립의 낭떠러지"와 직면해야 한다. 이 낭떠러지에서 물은 "수천수만의 물방울"이 된다. 이 무수한 물방울들은 곧 "생의 무수한 순간들"이며, 그 순간은 "순수한 부재"이다. 그러나 폭포와 벼랑도 물의 흐름(지속)을 붙잡을 수는 없다. 생명의 지속이 참된 지속이 되기 위해서는 매 순간의 비약, 도약하는 순간을, 혹은 낭떠러지로의 추락을 가져야 한다. 이러한 순간을 가지지 못할 때 지속은 지속이 아니라 하나의 중심을 고집하는 반복에 불과하게 된다. 그러나 순간 또한 자신을 고집해서는 안 된다. 순간은 부재로 있어야 한다. 순간이 부재이지 않고 실체화되는 순간, 각각의 순간은 지속의 흐름에서 고립되어 버린다. 지속과 순간은 대립하면서도 이어져 있는 기이한 뫼비우스 띠이다. 이러한 역설이 생성의 비밀이다. 바슐라르는 『몽상의 시학』에서 탁월한 사진사는 스냅 사진에 지속을 부여할 줄 알아야 한다고 하였다. 탁월한 사진사의 스냅 사진은 영원의 도장이 찍힌 찰나, 지속이 담긴 순간을 포착한다. 그것이 사진쟁이 앙리 카르티에 브레송이 말하는 '결정적 순간'이 아니겠는가. 이 역설을 품고 있는 소리가 "밝아졌다 어두워지는 찰나의 소리들"이다. 이 소리가 아마 시인이 벼랑을 더듬으면서 찾고 있는 시일 것이다.

「폭포」에서 '생성 속의 순간'은 "직립의 낭떠러지"와 같은 수직성의 이미지로 나타난다. 지속의 흐름이 수평의 위상을 가진다면 순간은 수직이다. 그 수직성이 「폭포」에서는 하강하는 물의 수직성이라면 「세상의 모든 나무들」에서는 역으로 상승하는 물의 수직성이 드러난다. 나무는 물의 상승력, 분수의 솟는 힘, 수직성의 정화임을 시인은 생생하게 그려 낸다. 여기서 생성과 순간의 양상은 "가까이서 보면 낱낱이 외로운 물방울의 육화인,/그러나 멀리서 보면 연봉(連峰)의 파도로 출렁"인다. 생성의 길은 낱낱의 물방울, 낱낱의 수

직선으로 이루어진 수평선의 출렁거림이다. 이 낱낱의 수직선들은 멀리서 보면 하나의 물결이다. 그러나 이 물결의 흐름 역시 단순한 선형적 직선이 아니다.

 (1) 다가설수록 멀어지는 지평선처럼 단지 접근 불가능한 절대 고독의 근원 혹은 알 수 없는 전망의 바탕을 암탉처럼 품고 있는 길.

 (2) 험하거나 평탄한 길들이 안겨주는 가장 값진 선물은, 놀랍게도 예정된 결말이나 확신에 찬 기대를 가차 없이 저버리는 뜻밖의 경험이다.

 (3) 해피엔드로 끝나기 마련인 싸구려 영화와 달리, 어떤 길이든 늘 아직 때가 이르지 않는 출발 혹은 이미 지나쳐버린 종말을 들키고 싶은 비밀처럼 감추고 있다.

 (중략)

 (4) 결코 원하지 않았을 그 사태들조차 들판 지나 산맥을 넘어가는 전선들처럼 또 다른 비밀의 정점으로 길게 뻗어 있다.

 (5) 지금 내 앞에 끝이 보이지 않는 한계 또는 방랑이 또 다른 출발의 경계라는 듯 내륙의 길이 끝나는 곳에 물길이, 물길이 다하는 곳에 하늘의 길이 다시 한 번 미지의 지상과 길게 입맞춤하고 있다.

 (6) 한사코 길을 그리워할 따름인 길들이 길과 만나지 못하면 결코 길이 아니라는 듯 힘든 처방의 이정표처럼 서성거리고 있다.
  —「길은 한사코 길을 그리워한다」 부분(연 앞의 숫자는 필자가 표시)

「길은 한사코 길을 그리워한다」에 나타난 길은 우리들 삶의 길이면서 생성의 운동이기도 하다. (1)에서 길은 지평선처럼 수평의 위상을 가진다. 길이 암탉처럼 전망을 품고 있다는 비유는 그 길이 생명과 유관한 것임을 암시한다. (2) 길은 항상 예정과 기대를 벗어나는 뜻밖의 경험, 우연의 개입을 허용하는 개방성을 가지고 있다. (3)(4)에서 나타나는 길은 늘 출발과 종말을 품고 있으며 정점으로 뻗어 있다. 이것은 앞서 살펴본, 순간에 대한 여러 묘사의 변형이다. 여기서 길은 정점을 향한 수직성의 경향을 보인다. 그런데 (5)에서는 지금까지와는 다른 길의 위상이 나타난다. 내륙의 길은 물길로 이어지고, 물길은 하늘의 길, 하늘의 길은 미지의 지상으로 이어진다. 여기서 길은 수평선(내륙→물길)과 수직선(물길→하늘 길)을 품는 순환의 원(하늘의 길→지상)을 이룬다. 무엇이 "다가설수록 멀어지는 지평선"의 직선을 휘어서 원으로 만드는가? 서로 만나고자 하는, 길을 향한 길의 그리움이 직선을 휘게 한다. 시인은 하늘의 길이 다시 미지의 지상과 이어지는 것을 "입맞춤"이라고 하였다. 그리움이 길과 길을 이어지게 한다. 길이 길과 만나지 못하면 결코 길이 아니다. 서로 그리워하는 길과 길이 입맞춤처럼 이어지는 것이, 「순간들」에서 우리가 남겨두었던 마지막 목록인 "사랑의 순간들"이 아니면 무엇이랴?

 순환하는 생성의 운동은 또한 "느린 나선형의 직선"(「광화문 연가」)이기도 하다. 순환은 실상 단순한 원점회귀가 아니라 서로가 이어지는 순환 속에서 확장되고 나아가는 것이다. 시인은 그것을 "사랑의 불꽃"이라고 하였다. 사랑의 불꽃이 우리를 수직으로 도약하게 하고, 생명을 지속하게 하고, 순환하며 나선형으로 진화하게 한다.

 임동확 시에서 열거된 '순간들'의 다양한 목록들은 사랑이 있음으로 비로소 하나의 계열이 된다. 사랑은 생명의 순간들, 그 운동과 변전, 도약과 정점을 가능하게 한다. 그리하여 사랑은 "누군가와 마주보는 것만으로 저수지의 얼음장에 금이 가고/누군가 고백하자 마자 청산도의 동백꽃이 한꺼번에 피어나"(「사랑의 찬가」)게 하는 것이다. 이러한 사랑의 통찰은 모두가 서로 이어지면서 상호작용하는, 다분히 생태학적인 생성론의 전망과 닿게 된다. 생태학적인 생성론의 전망 속에서 임동확의 시는 형태적으로도 변모한다.

4. 병치, 사사무애, 혹은 사랑

임동확의 시에서 예전에 잘 볼 수 없었던 형식들이 나타나고 있는데, 앞서 살펴보았던 「순간들」이 그 대표적인 예이다. 한 편의 시 전체가 수미일관된 서사나 서술로 완결 구조를 가지기 보다는 다양한 서사와 서술들이 시 한 편 속에 병치되고 열거되어 있다. "아무 것도 무너지지 않은 채 마주 서 있는" 이러한 병치와 열거의 형식은 이미 『태초에 사랑이 있었다』에서부터 나타나고 있으며, 이번 시집의 상당수의 시 또한 이러한 형태를 전체적으로, 혹은 부분적으로 취하고 있다. 「순간들」, 「말들의 궁합」, 「시인들 2」, 「꿈 이야기」, 「밤 호수」, 「길은 한사코 길을 그리워한다」, 「너와 나」, 「낡은 비유에 대한 경고」 등이 그것이다.

윌라이트는 『은유와 실재』에서 은유를 두 가지로 나눈다. 비교를 통한 의미의 탐색과 확대 작용인 치환은유(epiphor), 병치와 합성에 의하여 새로운 의미를 창발시키는 병치은유(diaphor)가 그것이다. 치환은유는 전통적인 용법의 은유이다. 반면 병치은유는 병치를 통해 새로운 자질과 새로운 의미를 탄생시킨다. 병치된 요소들의 상호 결합 작용으로 문면을 넘어서는 새로운 사태를 제시하고자 하는 것이다. 김준오는 『시론』에서 치환은유가 동일성의 원리 위에 서 있는 반면, 병치은유는 비동일성의 원리에 근거하고 있다고 본다. 그러나 서로 다른 사물들이 당돌하게 병치됨으로써 발생하는 새로운 결합이란, 사실은 표층에 드러나지 않았던 심층의 유사성이 드러난 것이라고 본다면 병치은유 역시 동일성의 원리에 근거하고 있는 셈이 된다.

임동확의 병치 형태의 시들은 아직 그러한 형식으로서의 완결성을 노골적으로 지향하고 있지는 않지만, 일종의 병치은유를 시의 주요한 서술 전략으로 취하고 있다. 한 행이 길어지면서 하나의 독립된 삽화를 이루려 하며, 그러한 연들이 여러 개 열거되는 형태이다. 각각의 연들이 끊어지는 듯하면서 이어지는 연산(連山)의 구조를 이루고 있다. 이 병치된 것들을 심층에서 유사성으로 이어주는 것은 "촉수"로서의 "생생한 시간"이며, 도약이면서 지속이며, 모든 길과 길이 이어지는 "사랑의 순간들"인 '생성'이다.

화엄 사상에서 이사무애법계(理事無碍法界)는 현상의 세계와 본체의 세계가 서로 걸림이 없이 이어져 있음을 말한다. 이사무애법계는 수사학에서 본다면 은유에, 그 가운데서도 치환은유에 가깝다. 본체는 원관념, 현상은 보조관념에 상응한다고 할 수 있다. 사사무애법계(事事無碍法界)는 현상 세계 내의 개체와 개체가 모두 걸림 없이 이어져 있음을 말한다. 사사무애법계는 이사무애법계를 통과하면서 본체(전체)의 세계를 심층으로 공유한 개체들끼리의 세계이다. 이는 오늘날 밝혀진 생태학적인 세계상과 다르지 않다. 현상 세계의 개체들은 표면적으로는 고립되어 있는 것처럼 보이지만 심층에서는 서로 이어져 있는 것이다. 표면적으로는 환유적이지만 심층적으로는 무한히 이어지는 병치은유를 이룬다.

「순간들」의 병치 형식은 그 끝이 열려 있어 새로운 목록이 무한히 덧붙여질 수 있다. 어쩌면 이 시집에 산재한 많은 시들은 여기에 덧붙여질 목록이었을지 모른다. 그러나 이러한 병치·열거가 환유적 정신분열증의 유혹을 견뎌내고 있는 것은 시인이 생성이라는 사사무애법계를 열고 있기 때문이다. 임동확의 사사무애법계는 사랑의 순간들, 즉 생성이다. 생성은 힘이 세다. 물론 그 힘은 생명에 대한 사랑의 힘이다. "어김없이 4월이면 불쑥 키 자란 푸른 파도로 일어서는 김제평야의 보리밭들,/탱자나무 이파리를 연신 먹어대는 호랑나비 애벌레의 몸속에서 출렁이는 흰 물길들은/고삐 매기 직전의 송아지처럼 날뛰거나 버팅기길 즐겨하는 힘센 생성의 긴 혓바닥"(「낡은 비유에 대한 경고」)이다.

사사무애법계 위에서 병치된 낱낱의 삽화(낱낱의 물방울)는 그리하여 새로운 의미를 획득한다. 무명한 것, 어떤 분류에도 적당치 못한 역사의 푼수도, 예외의 가치, 특별할 것 없는 덧없음의 기억들에도 생생한 시간, 생성의 도약과 도장이 찍힌다. 그저 스쳐가는 일상의 삽화 한 장면들에 대한 따뜻한 시선을 보여주는 「폭우」, 「첫눈을 맞으며」, 「한 줌의 도덕」, 「날아라, 짜장면」 같은 시들이 가지는 의의는 여기에 있다. 결국 생성의 통찰이란 다름 아닌 스냅사진 같은 일상의 한 순간 한 순간, 생명의 한 순간 한 순간들에 대한 연민과 배려와 긍정, 곧 사랑이다. 사랑은 시인이 잔인한 과거를 견디고 보듬고 초극하는 길이리라.

5. 시인의 자리

　임동확의 시는 더러 자신이 통찰한 생성과 순간을 설명하려는 조급한 경향이 보이기도 한다. 그러나 「순간들」, 「세상의 모든 나무들은」, 「주목」, 「밤 호수」, 「숭어」 등의 많은 수작들은 생성의 요동을 구현하며 기운생동을 얻고 있다. 산문적 서술이 될 때조차도, 노련한 장인의 솜씨로 다양한 언어의 결을 갖는 리듬으로 빚어낸다. 고유의 밀도를 유지하고 있는 이미지는 서술과 서로 침투하면서 팽팽히 균형을 유지하고 있다. 그러나 지속과 순간, 수평과 수직, 현존과 부재가 공존하는 생성을 언어로 포착하려는 시도가 어찌 쉬운 일이랴. 계속 쉼표를 붙여가며 연장되는 다변이 되거나 아니면 목이 꽉 틀어 막힌 침묵이 되기 십상이다. 이러한 곤란함이 시인의 시를 조금씩 변모시키고 있는 듯하다. 임동확의 변모가 어디를 향할지는 예단할 수 없다. 변전하는 생성의 순간, 사랑의 불꽃이 그를 데려갈 것이다. 그리하여 시인에게 새로운 운율과 형식을 부여할 것이다.

　시인은 "고작 필멸의 나부랭이일 뿐인 자"(「시인들 1」)이면서도 "불멸을 노래하며"(앞의 시), "그 야심이란 게 고작해야 나타나는 찰나 사라지거나 열리자마자 닫혀버린 문과도 같은 순간들에 대한 맹목"(앞의 시) 같은 것이다. 그러나 어쩌랴, 그것이 시인이 과거를 초극하고 미래를 예감으로 선취하며 현재의 삶을 언어로 껴안으려는 안타까운 사랑의 방식인 것을.

한 번 지나가면 그뿐인, 단 하나뿐일 무한이 된 유한 혹은 유한한 무한으로 가는 길을 막아선 훼방꾼.

일체의 과거도, 미래도 갖지 않는 순수한 현재를 송두리째 움켜쥐려는 말의 사냥꾼들.

그러기에 더욱 외롭고 무죄인 자들이 과거의 강물을 깊게 가로지르는 것, 미래보다 앞서 가는 건 오직 바로 이 순간이라고 떠들고 있다.
—「시인들 2」 부분

필멸의 나부랭이, 훼방꾼이며 사냥꾼인 시인의 자리는 「시인들 2」에서 쉼표를 찍으면서 문장을 연장하다가 돌연 입을 다물고 찍은 마침표, 그 마침표와 다음 문장이 시작되기까지의 낭떠러지 같은 결락, 거기인지도 모른다. 그곳에서 그의 시는 목하 생성 중이다.